新潟県中越地震

新潟の大地 災害と生活

高濱信行編著

The Niigata Chuetsu Earthquake 2004

Takahama Nobuyuki

「とき325号」は長岡駅手前約８キロで地震に遭遇した。10両編成のうち８両がレールを外れて停止、辛うじて横転を免れた。（写真／新潟日報社）

長岡市妙見の崩壊。車中の母子３人が巻き込まれ、男児の奇跡の救出に日本中が釘付けになった。（写真／新潟日報社）

地すべりダム湖に水没した山古志村（現長岡市）木篭集落。（写真／五十嵐忠史氏）

民家と道路の崩壊。山古志村（現長岡市）では各所で大規模な土砂災害に見舞われた。
（写真／新潟日報社）

道路が寸断され、自衛隊ヘリで避難する住民。長岡市太田小中学校グラウンド。（写真／新潟日報社）

震災直後の冬は19年ぶりの豪雪に見舞われた。仮設住宅も除排雪が困難なほどの雪に埋もれた。長岡市千歳。
（写真／新潟日報社）

はじめに

雪国・越後の冬が間近に迫った二〇〇四（平成一六）年一〇月二三日夕刻、中越地震が発生しました。この地震は、近年では一九九五（平成七）年の阪神・淡路大震災、新潟では一九六四（昭和三九）年の新潟地震以来の大きな被害をもたらしました。被災地では復旧が進む一方、まだ六〇〇〇人余りが仮設住宅での生活を余儀なくされています。

中越地域はこの年、七月の豪雨、一〇月の地震に引き続き、年末から一九年ぶりの豪雪と、連続して大きな自然災害にみまわれました。日頃は意識することが少ない自然の脅威を目の前で相次いでみせつけられました。

新潟大学では、この連続災害についてそれぞれ調査研究組織をつくり、今後の災害に対しての教訓を学びとるために、総合的な取り組みを行ってきました。

私たちは、この脅威をもたらす自然現象を止めることはできません。しかし、自然の脅威がもたらす被害を軽減する方法は必ずあるはずです。

中越地震は、わずか三〇分ほど余りの間に、震度七、六強の激震が立て続けに三回も発生しました。強い余震*はその後も頻繁に続き、被災者に強い不安をもたらしました。中越地震はこの「余震多発型」に加え、最大加速度が重力加速度九八〇ガル*の三倍近い二五一五ガルが記録されています。地表では、明確な地震断層*が見つからず、地下では複数の震源断層*の存在が指摘され、震源域*は「複雑骨折状態」ともいわれています。

この地震による被害は、死者六七名、負傷者四七九五名、住宅全半壊一万六九六九棟に加え、市街地ではライフラインの分断、新幹線をはじめ鉄道網・高速道路を含む道路網の不通で陸上交通の動脈が断ち切られました。山古志村（現長岡市）では、地震による地すべりや斜面崩壊のための家屋被害に加え、道路・河川が分断され、二二〇〇人余りの全村民避難を強いられました。その後の豪雪は地震による被害をさらに拡大し、地震・豪雪複合災害となりました。阪神・淡路大震災が「都市型」災害であったことに対し、中越地震は「地方・中山間地・豪雪地型」災害が大きな特徴です。

地震列島とも呼ばれる日本列島では「いつ、どこで強い地震が起こっても不思議ではない」といわれ、また一部で「近年地震の活動期に入った」との発言も聞きます。

この年の相次ぐ災害で、私たちは新潟の自然の厳しい一面をみせつけられました。しかし、この厳しさは、日本の穀倉地帯ともいわれる新潟の自然の豊かさと一体のものです。一面で脅威をもたらす自然の営みが新潟の豊かな大地をつくりあげてきました。自然の営みがもたらす「脅威」と「恵み」は表裏一体です。この営みは現在も活発に続いています。中越地震は新潟の大地をつくる、古くから繰り返された変動の「一こま」と見られます。

自然現象が私たちに対してプラスとマイナスの二つの作用を持つことは、古くは世界の古代四大文明が、いずれも世界有数の大河の下流部・洪水常襲地帯で発生したことを思い出していただければ、容易に理解していただけるでしょう。

ただし、「人の時間尺度」と「自然の時間尺度」に大きなギャップがあることも厳然たる事実です。できることなら、この事実から逃れて、「恵み」だけを受けたいのですが、人も自然の一部である限り、自然の営みと時間尺度を無視することはできません。

私たちの祖先は、地震を含むさまざまな自然災害による大きな被害をうけながらも、逞しくそれを乗り越え、生活を発展させてきました。新潟の歴史・遺跡・地質はその経過を、私たちに語りかけています。このメッセージをできるだけ多く、正確に読み解いていく努力を重ねていく必要があります。

地震の調査研究はさまざまな分野から多くの取り組みが行われます。本書で、私たちは次の三点を重視しました。

第一に、地表での現象をできるだけ正確に押さえ、その分布を明らかにすることです。災害では、調査研究も報道も、被害が強い所の情報が集中する傾向があります。しかし、被害の実態を明らかにし、次の災害に対しての教訓を得るためには、被害が強い所と弱い所の比較が大切です。これを明らかにすることによって、なにが被害を拡大したのか、その原因を解明する必要があります。第一章の第二、三節はこれを述べたものです。また地表で見られる地質の構成と構造や地震に伴うさまざまな地表現象をもとに地下の深い部分の状況を推察することも大切です。第一章の第一節、第二章の「異常震動帯」などは、この見方からの解析です。

第二に、歴史的側面から解析です。過去にさかのぼって、できるだけ詳しく地震の履歴や、地震を伴う変動の経過を解析し、そこから現状分析と将来予測を試みたい、と考えています。これは地質学ではごく一般的な視点です。そこから、私たちが住む新潟の大地は、どのような生い立ちと特色を持っているかを、読者に知って頂きたいと思いました。第二章、第六章第一節、第二節はこのような視点から、これまでの成果を含め紹介したものです。

ところで、地震の調査研究の主役・地震学（地球物理学）は、現在起こっている現象の観測と解析が主な課題で、この意味で現在科学です。現在科学としての地球物理学的解析と歴史科学的解析は相補関係にあります。

第三に、私たちは災害研究を行っている者として、個々の災害をできる限り総合的にとらえたいと考えています。それが被害の軽減や復興にあたって大きな意味を持つと思うからです。第三章～第五章、第六章第三節などがそれに当たります。被災地を歩く中で教えられたこと、また日頃の調査で感じてきたことを私たちなりに整理してみました。

中越地震の犠牲となられた方々のご冥福をお祈りし、被災された方々に心からのお見舞いを申しあげます。

＊＝巻末の用語解説をご参照下さい。

目次

第六章　新潟の地震災害予測

第一章　中越地震と被害の特徴

中越地震は、本震*と余震の区別も難しいほどの震度七、震度六強の地震が三〇分あまりの間に三回も連続して発生しました。さらに二時間以内に震度六以上が四回、震度五以上の揺れを一〇回記録しました。強い余震はその後も頻繁に続き、被災者に大きな不安をもたらしました。また、強い余震の震央*が、東山丘陵を中心とした広い範囲に見られたことも大きな特徴です。一九九五（平成七）年の兵庫県南部地震（地震災害呼称「阪神・淡路大震災」）では、震度五以上の余震は一度もなかったと報道されています。

この「余震多発型」に加え、川口町では過去に記録されたことのない最大加速度二五一五ガルを記録しました。一方、地表では明確な地震断層は見つからず、地下では複数の震源断層の存在が指摘され、地震学者も「地下深部では複雑骨折状態だ」と述べたと報道されています。

第一章では、この地震を地震地質学の視点から見てみましょう。

一、地震の特徴

中越地震は、二〇〇四（平成一六）年一〇月二三日一七時五六分ごろにM*六・八の地震から始まりました。この地震の震源*は、東山背斜（図1-1）を中心として、これに並行する小さな複数の褶曲《しゅうきょく》

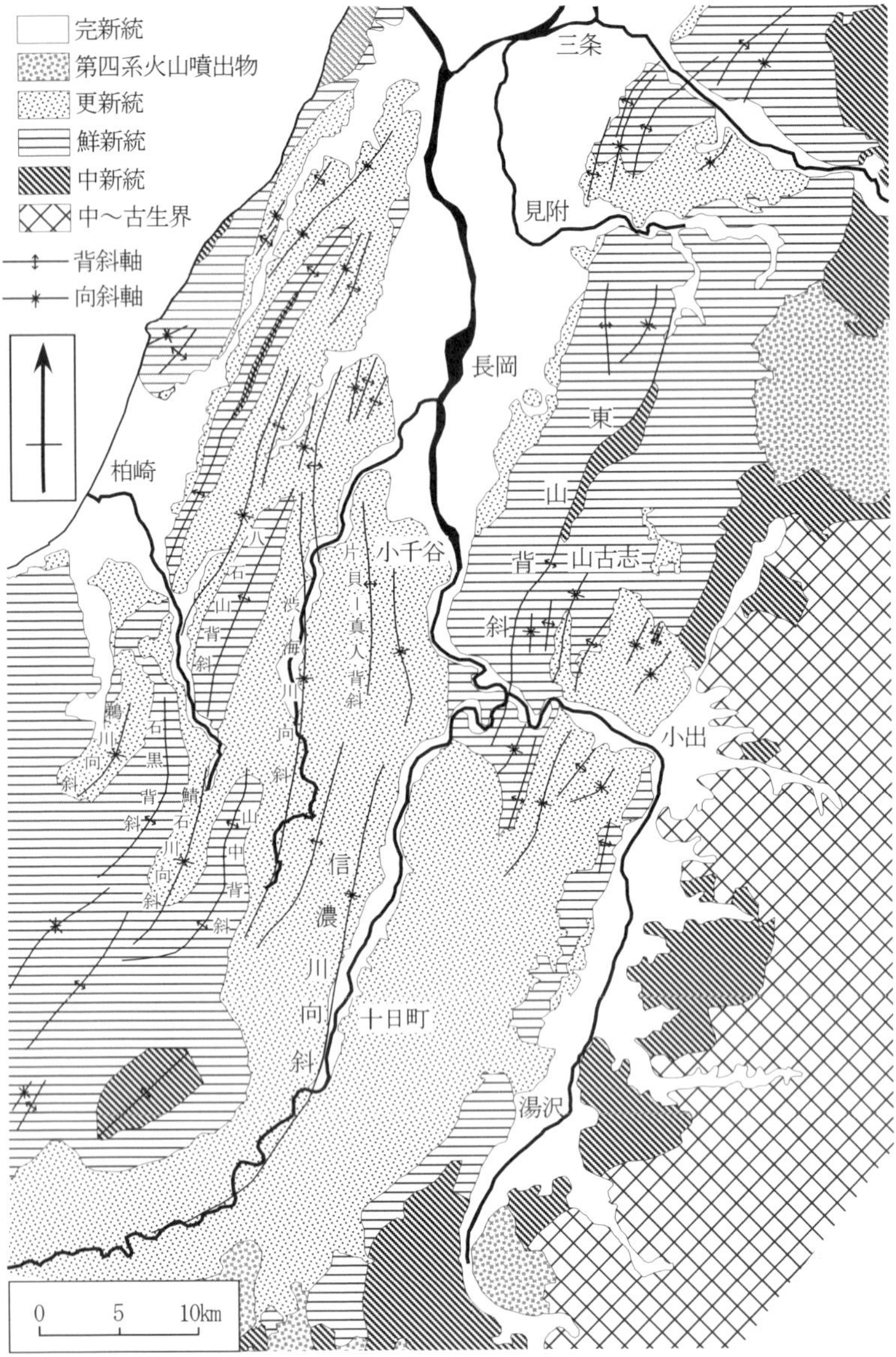

図１－１　中越地域の地質図

軸から構成される複背斜構造*の西翼の直下約一三kmで発生し、最大震度は一九九五（平成七）年阪神・淡路大震災以来の七を記録しました。これに引き続き同日一八時〇三分ごろにはM六・三の地震が複背斜構造北部の東翼の直下約九kmで起こり最大震度は六強でした。一八時一一分ごろにはM六・〇の地震が複背斜構造の西翼の直下約八・五kmで、さらに一八時三四分ごろにはM六・五の地震が背斜構造の東翼の直下一四kmで起こり、最大震度は前の地震が五強、後の地震が六強でした。このように、M六を超える本震クラスの地震が繰り返し複背斜構造の両翼の地下一〇km内外で発生し、被害を拡大させていきました。

M六を超える地震は一〇月二七日にも発生し最大震度六弱の揺れが生じました。また、M五を超え、震度五弱から六弱の揺れを伴う地震が一〇月二八日までにたびたび起こり、その数は二八回にも達しました。

直下型のため前触れもなく突然襲ってくる強震動は長期間にわたり、豪雪に耐えられる強い精神力を持った中越地域の人々の心さえも打ち砕くほどのものでした。

図1-1は中越地域の地表地質の分布と構造を表した図（地質図）です。この地域には四〇〇万～五〇〇万年前以後のわりあい若い地質時代（第二章「フォッサマグナの海」参照）に堆積した地層が広く分布し、それが後の隆起に伴って褶曲構造*を形成しています。東山背斜の西翼では、写真1-1に示すように、背斜構造の成長（山地の隆起）に伴って、地層が傾斜・直立、ついには逆転してしまった

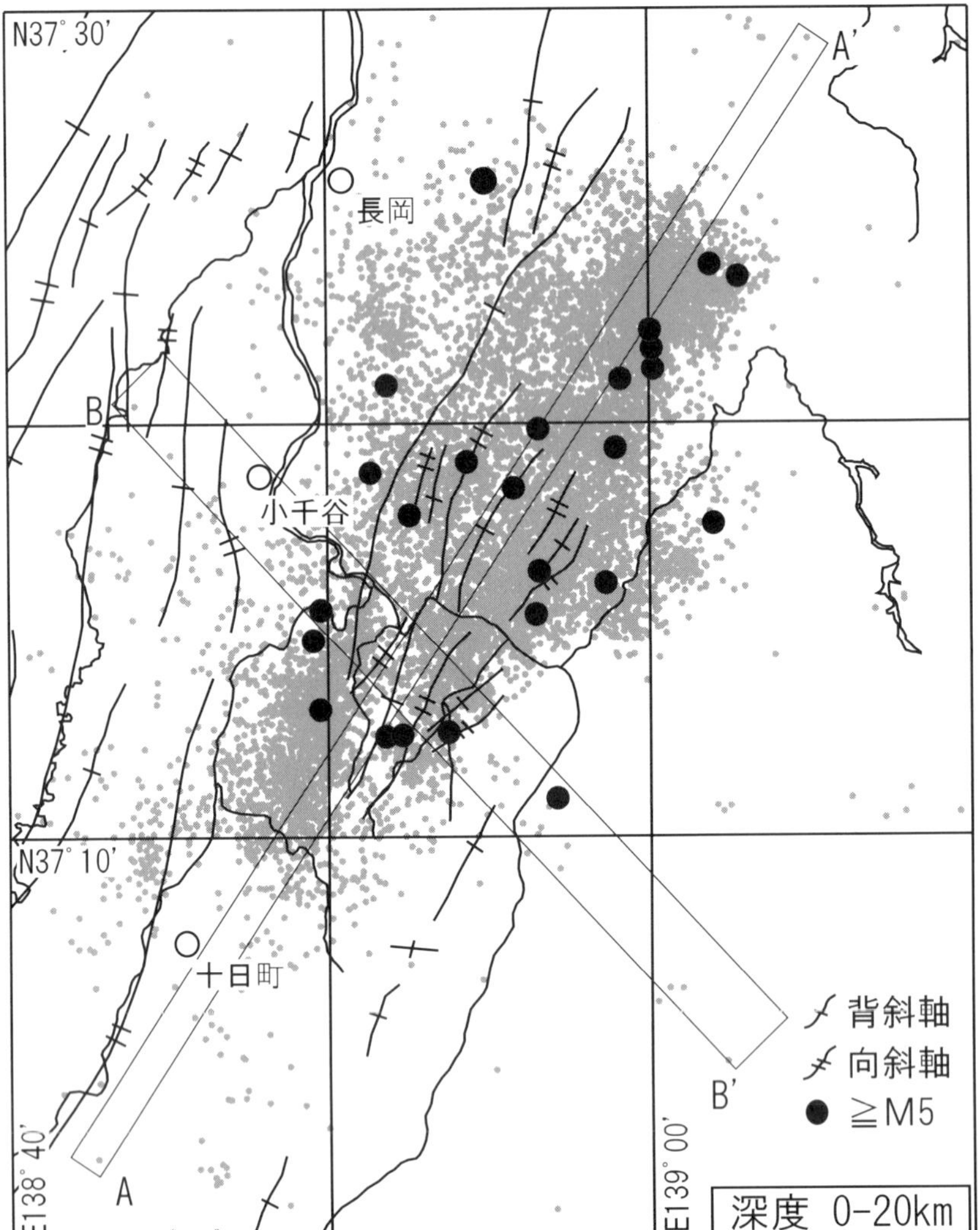

図１－２　中越地震の震央と褶曲構造
（気象庁地震月報2004年10月～2005年２月）

様子が観察できます（この写真では右側が元来は地層の下方）。

図1–2～図1–5を見てください。これらは、中越地震の本震があった二〇〇四（平成一六）年一〇月二三日から余震が収まってきた二〇〇五（平成一七）年二月二八日までの震源（地震の起こった場所）分布図です。このうち、図1–2はすべての地震とM五以上の地震の震央（震源の地表面上の位置）の分布です。図1–3は、それぞれの深度での震源の水平方向の分布です。また、図1–4と図1–5は、図1–2に示した北西─南東方向および北北東─南南西方向の帯内に分布する地震の垂直方向の震源位置の分布です。これまで、日本列島で起こった一般的な地震は、ひと続きの断層が活動することによって起こったといわれています。したがって、震源は一本の細長い帯状に並びます。しかし、図1–2や図1–4から、中越地震の一連の地震は水平方向に非常に幅が広く分布しており、特にその範囲は東山複背斜構造とほぼ一致していることが分かります。

さらにその分布をよく見るため、図1–3を見ると、深度七～一二㎞の各深度において、ほぼ同じ場所に北北東─南南西方向に延びる震源の帯が二本あることが分かります。なお、一三㎞以深ではこれらの帯は西側へ少し場所を移しているものの、二本あることには変わりません。

一方、この帯の延びの方向の震源分布の断面図である図1–5を見ると、この図の左側四分の三は深度六～一五㎞のやや深部に地震が集中しますが、右側四分の一ではまったく異なり深度〇～一〇㎞の浅いところに集中します。このようにひと続きの地震の細長い帯において、場所によって異なる深さ

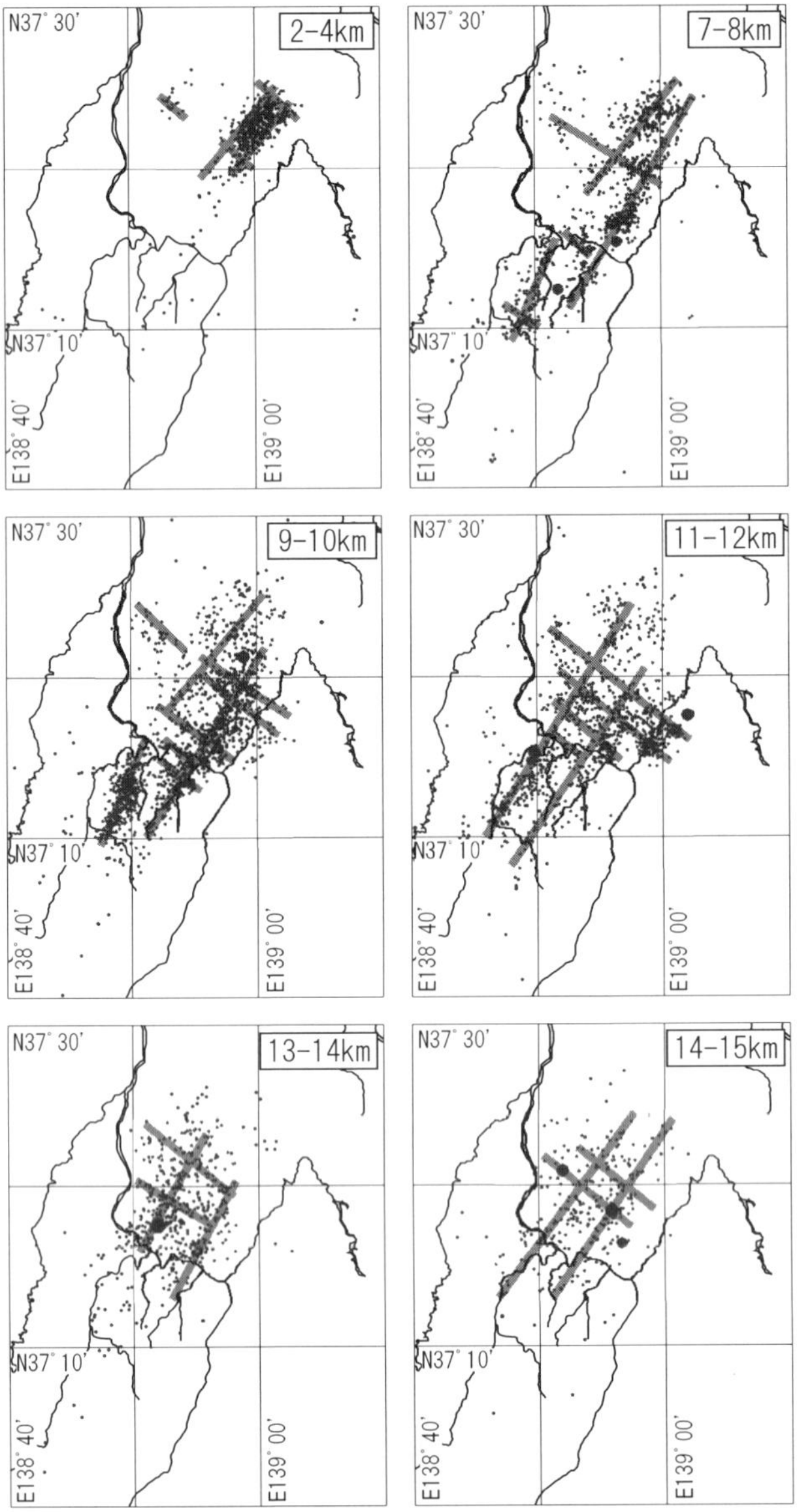

図１－３　中越地震の震源の深度別分布

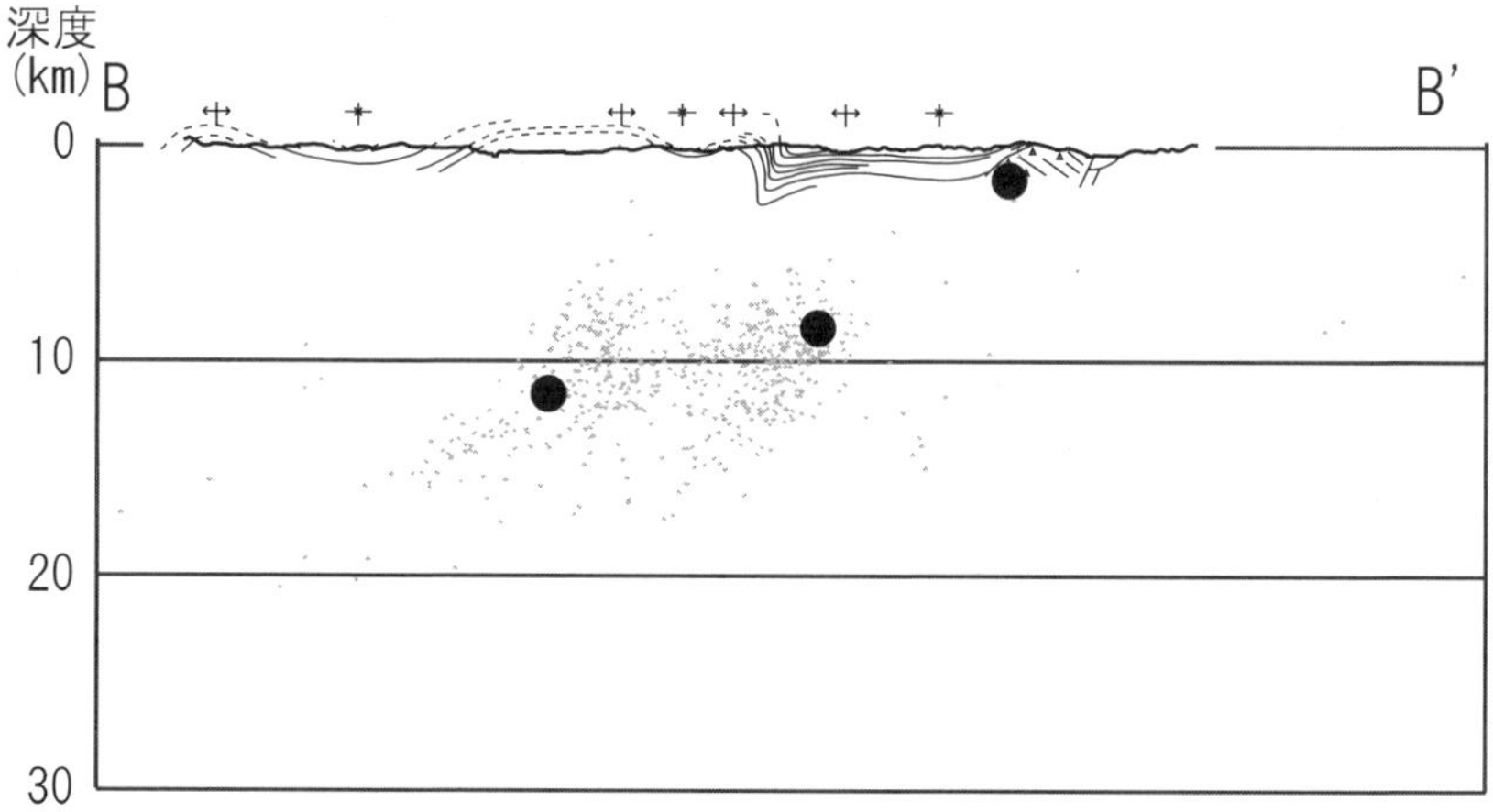

図１－４　北西－南東方向（褶曲構造と直交方向）の断面での震源分布
断面の位置は図１－２のＢ－Ｂ’（●はＭ５以上）

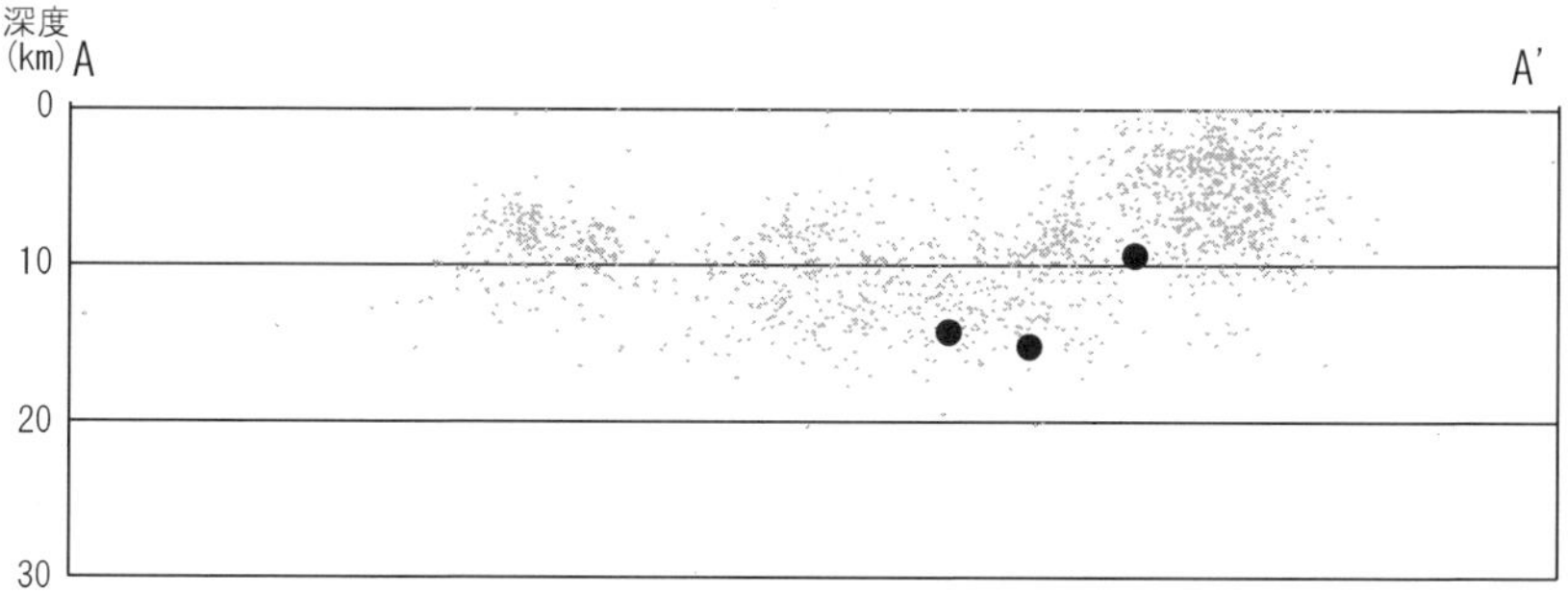

図１－５　北北東－南南西方向（褶曲構造の方向）の断面での震源分布
断面の位置は図１－２のＡ－Ａ’（●はＭ５以上）

図１－２、３、４、５は下記のデータを基に作成。

気象庁・文部科学省が協力してデータを処理した結果。

なお、震源解析にあたり、以下の機関の地震波形が提供されている。国土地理院、北海道大学、弘前大学、東北大学、東京大学、名古屋大学、京都大学、高知大学、九州大学、鹿児島大学、（独）防災科学技術研究所、（独）海洋研究開発機構、（独）産業技術総合研究所、東京都、静岡県、神奈川県温泉地学研究所、横浜市、気象庁。

の震源が集中していることは、ひと筋の断層の異なる深さの部分が活動したと考えられ、中越地震の地震活動の複雑さを物語っているといえるでしょう。

一方、北北東方向に延びる地震の帯のうち西側の帯には、一〇月二三日一七時五六分の本震の震源が、東側には同日一八時三四分の最大余震が含まれています。さらに、これら二本の帯を横切る北西―南東方向の帯が幾筋か見られます。また、西側の帯は本震の位置のあたりを境に北と南では延びの方向がやや変わっていたり一部途切れたりしています。

このように従来の地震とは異なり、中越地震では複数のそして方向の異なる地震の帯すなわち断層が見られます。そしてこれらは、ちょうど東山複背斜構造の直下に存在していることから、東山丘陵を隆起させ、この複背斜構造を成長させた地震活動であり、複雑な断層運動を伴っていたといえます。

強震分布

一九九五（平成七）年の阪神・淡路大震災を契機に、防災科学技術研究所や気象庁などの国の関係機関によって強震計が日本全国のほぼ二〇㎞おきに、また各市町村には一台以上の震度計が配備され、行政機関による継続的なメンテナンスが行き届いた、高密度の地震観測が可能となってきました。そのような中、二〇〇三（平成一五）年宮城県北部地震では、宮城県内の鳴瀬町の震度計で二〇〇〇ガルを超える揺れの最大加速度値を記録しました。地球の重力加速度九八〇ガルを超えると重力によって固定されている物が跳びはねる現象が起こるようになるので、大きな被害が発生します。残念ながらこのときには、最大加速度値だけしか記録されないタイプの震度計であったため、地震波形そのものの記録が得られていません。

今回の中越地震では、東山背斜を中心に、一〇〇〇ガルを超える加速度を伴う揺れが波形として記録されました。最大は二五一五ガルで、川口町で一〇月二三日の一八時三四分ごろの地震で記録しました。これらの記録は、今後の構造物の耐震性向上のための非常に重要なデータとなるものです。写真1−2は、堀之内町（現魚沼市）新道島で石が跳びはねた様子、写真1−3は小千谷市で寺のお堂が跳びはねた様子、写真1−4は川口町田麦山の田中地区で大根が同じ方向に一斉に飛び抜けた状態です。いずれも重力加速度以上の揺れがあった証拠です。

図1−6は、本震時の震度階分布を示します。これは、各市町村の計測震度計のデータおよび気象庁の地震観測点データを気象庁が一元的に収集し、地震・火山災害カタログとして取りまとめた震度値と、防災科学技術研究所のK-netおよびKik-net（コラム「地震観測網の整備」参照）の各強震観測点からの加速度データから気象庁震度に換算したものから作成されています。これから次のような震度階の分布の特異性が認められます。

（一）震度七の揺れは、川口から小千谷にかけての北西—南東方向に帯状の延びを持っている。

（二）震度六強の揺れは、長岡から山古志、川口にかけての東山複背斜構造部分および越路から小国

写真１－１　東山背斜構造の成長に伴って地層が傾斜・直立・逆転した様子
（長岡市乙吉東方、国道351号北側）

写真１－２　堀之内町（現魚沼市）新道島で石が跳びはねた

写真１－３　小千谷市で寺のお堂が跳びはねた

写真１－４　川口町田麦山の田中地区で大根が同じ方向に一斉に飛び抜けた
（写真／荒川勝利氏）

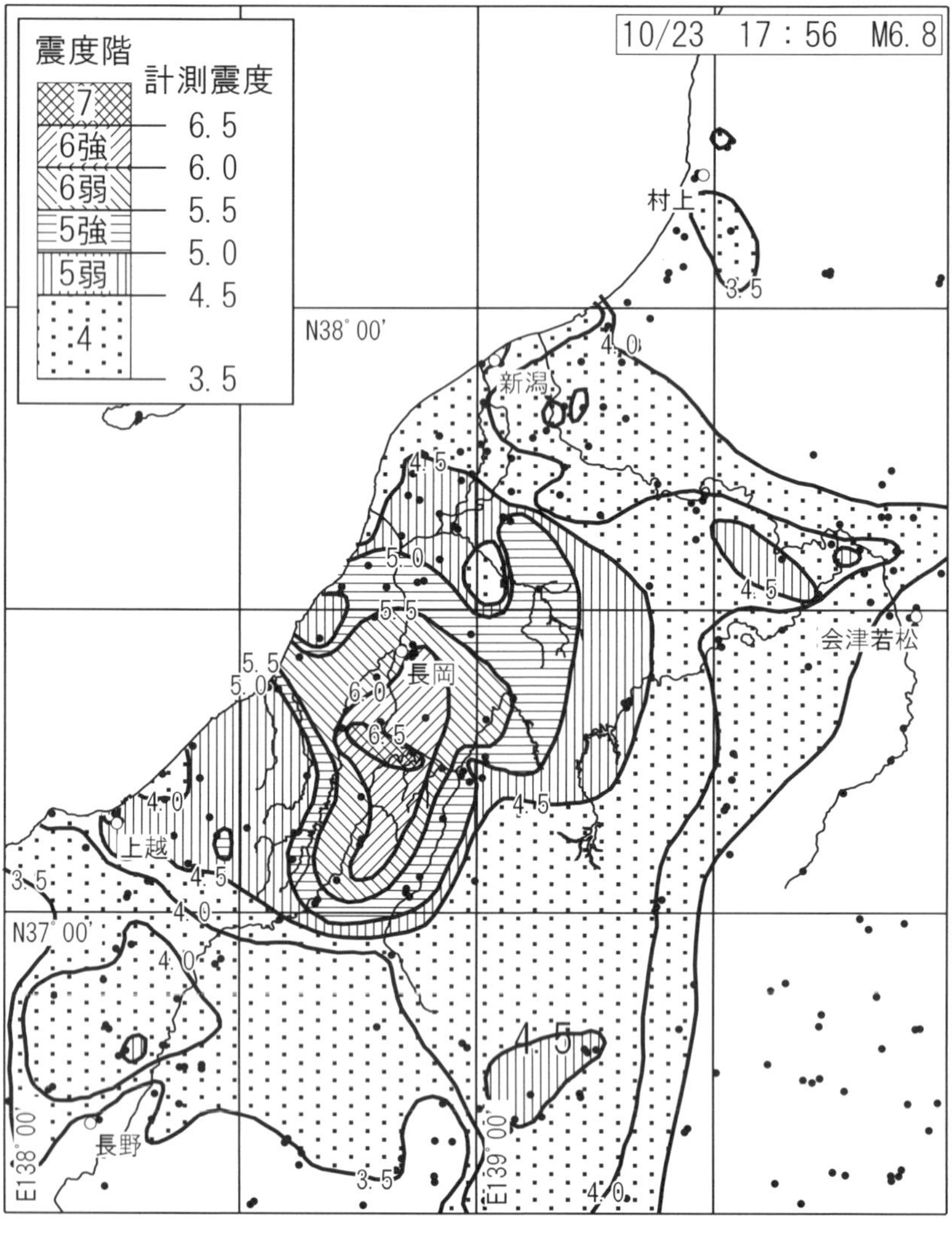

図１－６　中越地震の震度階分布

気象庁編2004年10月地震・火山災害カタログおよび防災科学技術研究所のK-net・Kik-netデータを基に作成

に至る片貝―真人背斜の北部に分布し、北北東―南南西方向の延びを持つ。

（三）震度六弱の揺れの分布は、信濃川沿いの川西から十日町、中里村に至る信濃川向斜を中心とする北東―南西方向に帯状の延びを持つ。また、震度六強を囲むように北西方向、すなわち刈羽村の方へ、その分布の張り出しが見られる。さらに、東山背斜・長岡ニュータウンから小国に至る八石山背斜軸に沿って北東方向へ張り出して分布している。

（四）震度五弱以上の揺れの部分は、北東―南西方向ないし北西―南東方向に支配された分布様式を持つ。これは、第二章で推定されている基盤ブロックを境とする断裂の位置と調和的である。

以上をまとめると、揺れ方は褶曲構造とよく対応します。また、北東―南西～北北東―南南西方向に延びる褶曲構造やこれと直交する北西―南東方向の地質構造によって、地震動は支配されています。これらの地質構造は、第二章で述べる基盤ブロックの構造と調和的です。

震度と計測震度計　阪神・淡路大震災のあった一九九五（平成七）年までは、気象庁の震度は、気象庁の測候所において、所員の体感や周囲の被害状況で震度を決めてきた。阪神・淡路大震災では、気象庁からの震度情報が遅れ被災状況がつかめなかったため、救助が遅れたという反省や、体感の個人差の問題、人手の問題などが提起された。そこで、一九九六（平成八）年から震度は、地震計の波形を基に定量的に揺れの強さを表現する計測震度計により求めることとなった。

これによって、最近では地震が起こると、迅速に各地の震度がテレビで放映されている。この計測震度計の出現に伴い、従来〇から七までの八段階の震度階は、震度五と六は弱と強に二分することとなり、震度階は一〇段階に改められた。

しかし、最近頻繁に発生しているM七前後の地震では、震度が五強や六弱であるにもかかわらず、しばしば思ったより被害が小さいことがある。建物の耐震性が良くなったのであろうか？　地震に伴うがけ崩れなどの揺れに伴う自然の現象と照らし合わせても、被害と震度の対応がうまくついていない場合があるようである。現在、建物被害と震度との対応から、地震波形からの震度の求め方の検討も行われている。機械による震度の把握も今後は、より実態に合うものになっていくであろう。

地震観測網の整備　阪神・淡路大震災の後、市町村単位での被災状況をつかむことを目的に、自治省は計測震度計を各市町村に一台ずつ設置した。また、科学技術庁（現文部科学省）は日本列島全体におおむね二〇㎞毎に強震計（地震計の中でも強い揺れまで記録できるタイプのもの）を配備している。このうち地表の揺れ方を観測しているものをK-net、地中深くの揺れ方を観測しているものをKik-netと呼び、強震時の迅速な波形データの公開による被害予測の支援や強震波形データの蓄積を図っている。このほか、気象庁や大学においても地震波形データの蓄積が進んでいる。さらに、さまざまな建物や、鉄道路線・電気・ガスなどの施設、堤防・ダムなどの重要構造物などにも施設の安全保持のため地震計が設置されている。今後これらの記録も公開されることが望まれる。

地震観測網の弱点　中越地震では、市町村役場が被災することを前提としたシステム設計がなされていなかったため、バックアップ電源の切り替えが自動的に行われなかったり、データ転送が電話回線に頼っていることもあって、特に被害の大きなところのデータが県や国の関係機関に送られてこなかった。また、余震も多く発生したため、余震のデータが回収できなかったところがたくさんあった。一方、計測震度計の中には、地震波形を記録できる機能が付いていたので、震度七の揺れのあった川口町での貴重な地震波形が記録された。今後の防災上重要なデータである。

現在、全国的に市町村合併が進んでいる。大地の揺れ方は地質構成に強く影響を受けるため、たとえ山の中でも一〇㎞に一地点くらいの地震計のデータが必要である。少なくとも従来の市町村単位程度の密度で地震計が必要である。このため、合併しても震度計は減らさず、かつての市町村単位程度には設置しておいてもらいたい。また、震度計を更新する際には、他の自治体でも地震波形を記録できるタイプのものにしておくことが望まれる。

二、被害の特徴

中越地震では、二〇〇六（平成一八）年九月二二日の新潟県の発表で、死者六七人、重傷者六三五人、軽傷者四一六〇人、住家の全壊三一七五棟、半壊一万三七九四棟、一部損壊一〇万三七七七棟の被害が報告されています。地震の被災地となった中越地域の人口は約八二万人で、福井県全体とほぼ同数の人口と経済規模を抱えていますが、この中心である長岡市をはじめ小千谷市、十日町市、川口町などに被害が集中しました。

六七人はなぜ犠牲となったのか

地震によって直接あるいは直後に亡くなった人と、その後に間接的な理由で亡くなった人は合わせて六七人に上ります（表1-1）。これらの人が、なぜ犠牲になったのかを知ることは、地震被害の実態と今後のわれわれの命を地震から守るための教訓となります。地震がなければ失われなかった命が伝えてくれたものは何でしょうか。

六七人のうち、一七人は地震関連外因死と呼ばれる地震が直接の原因で亡くなり、このうち一二人

地域	年齢	性別	死因
十日町	34	男	建物外壁落下
小千谷	55	男	車庫倒壊
小千谷	12	男	家屋倒壊
小千谷	11	男	家屋倒壊
小千谷	12	女	家屋倒壊
小千谷	77	女	家屋倒壊
小千谷	76	男	人工呼吸器の損傷
長岡	75	女	土砂崩れ（家屋倒壊）
長岡	42	男	土砂崩れ（家屋倒壊）
長岡	39	女	土砂崩れ
長岡	3	女	土砂崩れ
川口	64	男	家屋倒壊
川口	12	女	家屋倒壊
川口	81	女	家屋倒壊
川口	78	男	家屋倒壊
山古志	78	女	土砂崩れ（家屋倒壊）
山古志	54	男	土砂崩れ（家屋倒壊）

地震関連外因死 17 名

地域	年齢	性別	死因
十日町	65	女	ショック死
十日町	0	男	誤飲（窒息死）
小千谷	70	女	ショック死
小千谷	89	男	ショック死
小千谷	85	男	ショック死（急性心不全）
小千谷	68	女	ショック死（脳内出血）
小千谷	81	男	ショック死（急性心筋梗塞）
長岡	59	男	肺炎
長岡	73	男	ショック死（脳内出血）
湯沢	70	男	ショック死
見附	60	男	ショック死
湯之谷	44	女	ショック死（急性心筋梗塞）
小国	80	男	ショック死（脳梗塞）
小出	91	男	ショック死（急性心不全）
十日町	54	男	肺疾患（車内）
十日町	74	女	心疾患（車内）
十日町	78	男	心不全（疲労）
十日町	83	女	肺炎
十日町	79	女	脳梗塞
小千谷	43	女	エコノミークラス症候群
小千谷	88	男	栄養障害（病死）
小千谷	84	女	肺炎
小千谷	52	女	突然死（疲労）
小千谷	86	男	肺炎
小千谷	82	女	急性心不全
小千谷	90	女	肺炎（ストレス）
小千谷	77	男	呼吸不全（ストレス）
長岡	20	男	悪性高熱（PTSD）
長岡	79	女	呼吸不全
長岡	70	女	突然死（ストレス）
長岡	70	女	心不全（ストレス）
長岡	85	男	脳出血（ストレス）
長岡	90	男	肺炎・心不全（ストレス）
川口	84	女	誤飲（過労）
川口	41	男	アスペルギルス肺炎
見附	70	男	呼吸不全
見附	71	男	呼吸不全（ストレス）
燕	65	女	心不全
山古志	32	男	交通事故（過労）
山古志	87	女	出血性ショック（ストレス）
山古志	52	男	溺死（復旧作業中）
越路	88	女	急性心不全（ストレス）
越路	88	女	肺炎（ストレス）
越路	78	男	心室頻拍症（ストレス）
湯之谷	67	男	心筋梗塞
川西	48	女	過労・ストレス
広神	84	女	急性心不全（ストレス）
堀之内	69	男	過労
栃尾	71	男	心筋梗塞（疲労）
大和	83	女	動脈瘤破裂

地震関連内因死 50 名

表１－１　中越地震の犠牲者

が骨折を伴う胸腹部圧迫死、三人が頭部損傷、一人が圧死とされ、病院での人工呼吸器の外れによる窒息死が含まれます。中越地震の場合は、多くの人命を失った一九九五（平成七）年の阪神・淡路大震災と比較すると、救助・救命の遅れによる人命の損失ではなく重篤な外傷が要因であり、多くの人が住家の損壊による即死の状態であったことは、われわれに建物の耐震性の重要性を教えてくれます。また、大きな余震によるビルの外壁の落下や住家の倒壊で四人が亡くなったことは、本震の次にくる危機の回避が重要であることも教えてくれました。

地震関連内因死と呼ばれる間接的に亡くなった人も、今回の地震の特徴を示しています。このうち地震発生直後の心臓発作や高血圧・脳疾患などの基礎疾患が関係したショック死と呼ばれる死者は一二人で、三八人の方は、長期避難中の過労やストレスによる病死などで亡くなっています。今回の地震は、避難所を使わずに屋外の車内で避難をしていた人が多いという特徴がありました。この三八人の中には車内の長期避難による過労やエコノミークラス症候群（肺動脈塞栓症）による三人が含まれます。地震によって命を失う可能性は、住家の損壊などの直接的な要因に加えて、その後の避難生活の中にも多く存在していることを物語っています。

エコノミークラス症候群　長時間下肢を動かさずにいると、脚部の奥にある静脈に血栓（深部静脈血栓）ができることがまれにある。この血栓は、その一部が血流に乗って肺にとび、肺の血管を閉塞してしまうことがある（肺塞栓）。深部静脈血栓は、航空機内のエコノミークラスの旅客から報告されたため、エコノミークラス症候群の名前で知られるようになった。しかし、地震の際の車内での避難生活のように一定の姿勢のまま長時間動かなければ、航空機内と同様の危険性がある。

中越は新潟の大動脈

人的被害や建物被害のほかにも、中越地震は多くの被害をもたらしました。その一つに交通網が受けた大きな被害があります。中越地域には、信濃川や魚野川に沿って上越新幹線、JR上越線、関越自動車道、国道一七号線などの新潟と東京を結ぶ基幹の交通網が位置しています（図1-7）。上越新幹線は開業以来初の脱線を起こし、トンネルや高架橋の損傷を受けました。JR上越線をはじめJR飯山線、JR信越本線も路盤の損壊や斜面崩壊で不通となりました。これによる新潟—東京間の鉄道輸送量は地震前と比較して七割減となりました。道路も、高速道路が盛り土の損壊によって不通となり、国道一七号線も和南津《わなづ》トンネル（川口町）内の崩落で不通となりました。地震前には新潟—東京間の高速道路では一日平均四・五万台の通行量がありましたが、これらは北陸自動車道や磐越自動車道への迂回を余儀なくされました。寸断された交通網は、二〇〇四（平成一六）年の一二月末の高速道路や新幹線の復旧まで、振り替え輸送や新潟—羽田間の臨時航空便の開設などで代行されました。中

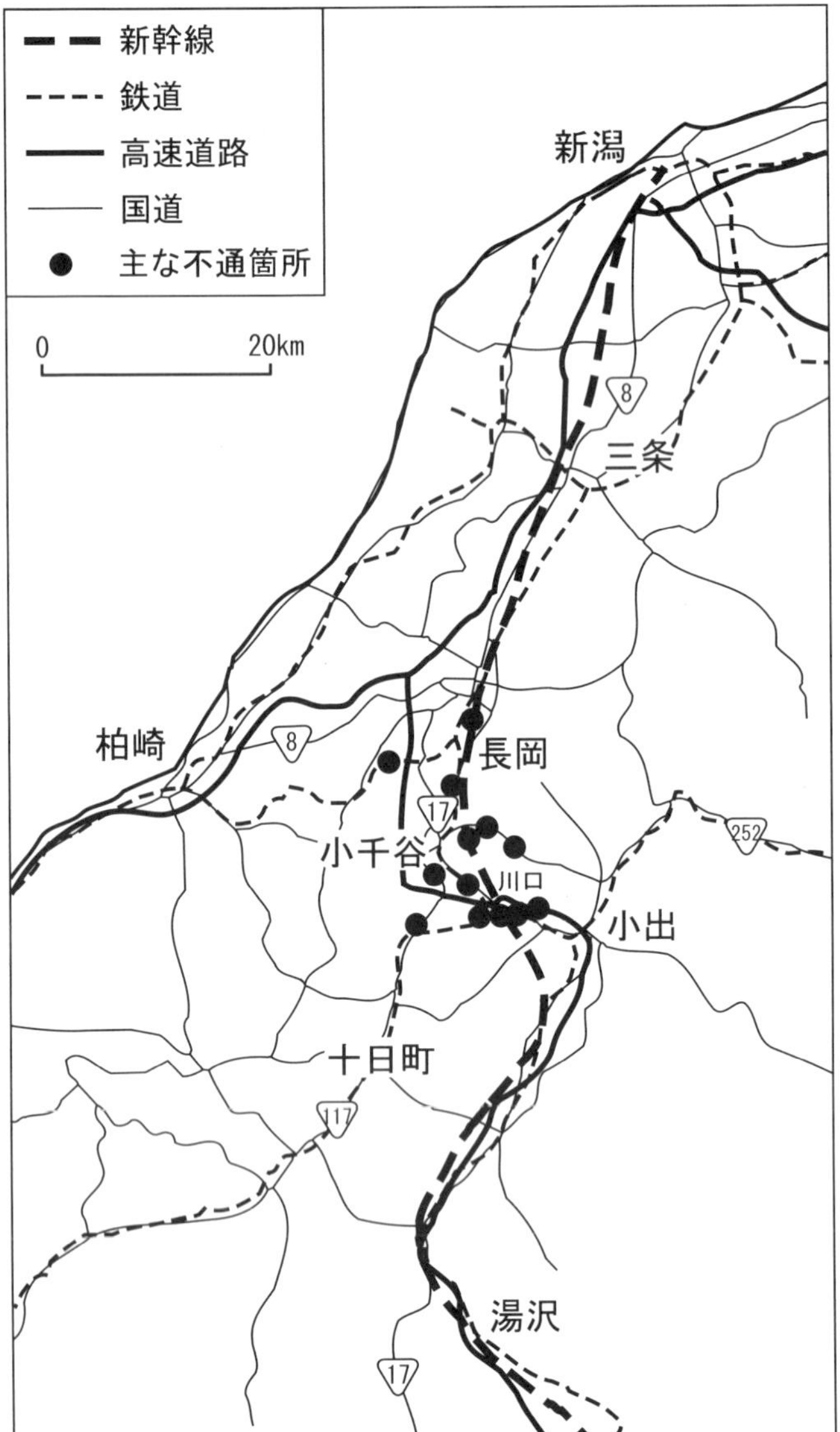

図1－7　中越地域の主要交通網と地震による主な不通地点

越地域での地震は、新潟と東京あるいは日本海側の交通と物流の大動脈に大きな損害を与えました。

高い被災率と高い避難率

中越地震は、さまざまな面で一九九五（平成七）年の阪神・淡路大震災と比較されます。阪神・淡路大震災は、死者六四三五人で多くの住家が倒壊し被害総額は一〇兆円ですが、中越地震は死者六七人で被害総額は三兆円とされています。死者数と被害総額の比較だけで、中越地震は小さいといえるのでしょうか。

例えば、二〇〇五（平成一七）年九月一六日現在の集計で建物被害を見ると、小千谷市は全世帯数の約五％に当たる六三五世帯が全壊、川口町では全世帯数の約三九％に当たる六〇九世帯が全壊し、両市町のほとんどすべての世帯が一部損壊以上の被災を受けています。また、山古志村（現長岡市）では、全世帯数の約四〇％に当たる二八五世帯が全壊し、ほとんどすべての世帯が一部損壊以上で本震の震源*地に近い地域では非常に大きな被害となっています。地域にとっては非常に大きな災害です。

また、阪神・淡路大震災では全壊住家一〇万棟に対して避難者は三〇万人ですが、中越地震では全壊住家約三二〇〇棟に対して避難者は一〇万人に及んでいます。中越地域の八分の一の人々が避難した事実は、ライフラインへの依存の高さと生活環境の高度化を受けて、今後の災害での避難者数の見積もりにも問題を提示しています。高い被災率と避難率は、地域にとって他地域の災害とは比較できない大きな災害であったことを示しています。

生活基盤である農業も棚田の崩壊などによって、戦後最大となる約四〇〇〇億円の被害が出ました。地域にとっては農業や養鯉業など生活の糧となる産業も大きな被害を受けました。

中山間地が孤立した

中越地震は、これまでの日本が経験してきた多くの都市型の地震災害に対して、中山間地型の災害であるといわれています。中山間地とは、農林統計上の農業地域類型区分の「中間農業地域」と「山間農業地域」を合わせた地域の総称で、森林や傾斜地が多く、まとまった平坦な土地が少ないなど農業上の諸条件が平場に比べて不利な地域を示しています。

中山間地での地震災害は、都市型と様相が異なります。建物の損壊に加えて、丘陵部や山地が多いため、斜面崩壊や地すべりによる災害も特徴となります。山古志村（現長岡市）では、強い地震動を受けて多くの建物の損壊に加え、斜面崩壊や地すべりによっても建物に被害が出ました。また、ふもとの長岡市や小千谷市を結ぶ基幹国道や各集落間を結ぶ主要道路は、道路盛り土の崩壊、斜面崩壊や地すべりによって寸断され、各集落が孤立しました。携帯電話も不通になったことから、被災状況の把握や救助、避難の連絡もできない状態が発生しました。約二二〇〇人の村民の緊急避難はヘリコプターを使って行われました。

このような中山間地の集落の孤立は、地震災害に限ることなく集中豪雨などでも予測されることであり、全国の中山間地が共通の問題として考えなければならない課題となりました。

高齢化・過疎化と中山間地の暮らし

中山間地は、高齢化・過疎化の中で農業や林業を生業として生活を営んできました。例えば山古志村（現長岡市）は老齢（六五歳以上）人口比三五％、生産年齢（一五～六四歳）人口比五六％を示しており、農家の割合は五五・六％で、稲作（水田率八五％）を中心に行ってきた地域です。この数値は中越地域全体の老齢人口比が約四〇％であることから、山古志村に限った現象ではなく、中越地域ひいては、日本の中山間地の抱える問題でもあるといえます。

高齢化・過疎化の中での地震災害は、復興の面では地震時に受けた被災以上に長期的で深刻な問題となります。住宅を再建できるか、農業を継続できるのか、集落を建て直すことができるのかという課題の中で、単にインフラを再建しただけでは、集落の再生が容易ではない問題を抱えています。これは、生産性の低さから中山間地を切り捨てるのではなく、日本の社会構造の中で都市部に生活する人を含めて、国土保全や農産物の国内自給率の増加、地下水資源の涵養《かんよう》といった大地の環境資源の視点からも、中山間地を再建する意義を共通の認識として持つ必要に迫られていることを意味しています。

被害調査で見たものは

今回の地震では、約一二万棟に及ぶ住家になんらかの被害があり、約三二〇〇棟が全壊しました。地震発生の翌日から、被災地でまず目にしたものは、小千谷の市街部で古い木造住家が外見上ほとんど被害がないのに対して、その横で土蔵が大破している様子でした。これまでの地震被害では、土蔵は一般に住家よりも地震に強いとされていたのと逆の現象です。調査の範囲を広げて被害の様子を見ていくと、同じ震度の地震動を受けているにもかかわらず、住家が大破している地区と外見上はほとんど無被害である地区が存在することも分かりました。被害は何らかの理由で偏っているとの予測のもとに、その原因を考えながらさらに調査範囲を広げていきました。

川口町の市街部では震度七を記録していると報道されました。川口町の市街部へ調査に向かいながら思い浮かべていた川口町の被災のイメージは、一九九五（平成七）年の阪神・淡路大震災で震度七を記録した〝震災の帯〟と呼ばれたゾーンで木造住家のほとんどが壊滅的に倒壊している状況でした。しかし、川口町市街部に近づいても倒壊・大破した住家数が増えるわけではありません。到着した川口町市街部で目にしたものは、あの時の神戸のようにすべてが壊滅している様子ではなく、もちろん周辺地域より損壊した住家は非常に多いのですが、幸いにも神戸と比較して倒壊に至らず残っている住家もあり、被害が偏っていることでした。神戸とは違う性質の地震被害であることは、その後、いろいろな事象でも明らかになりました。

建物被害の分布を調べる

建物被害が偏在しているのではという予測は、感覚的ではなく、きちんと調査して比較しなければ正確な被害の実態を示すことができません。同じ程度の震度を受けながら、なぜ被害に偏りがあるのかを明らかにすることは、被害の実態を知り建物の再建に際してどんな要素（地盤、地震動、地すべりなど）に注意して考えなければならないかを明らかにすることにつながります。では、中越地震の建物被害は、どうすれば比較できるのでしょうか。

一般に住家などの木造構造物の被害率から被害の集中した要因を推定するためには、建物の設計様式、建築工法、建築年数による差や宅地造成などによる同一建築年数の集中など混在するさまざまな要素を検討しなければなりません。このような調査は、住宅の数やタイプが多い都市部の地域では困難であると考えられます。しかし、今回の地震による震源地付近は、豪雪地域の農村であることから、小千谷市や川口町の市街部を除いて、集落を構成する木造構造物群は、以下の三タイプに区分できる特徴があります。

一つは、〝木造二階建て車庫〟タイプで一階部分が車庫や倉庫から構成されていて、一階部分は間口が広く車庫や農機具などを収納する空間になっている構造物です（写真1－5）。被災地域の農村部

a：川口町市街部

b：小千谷市中通

c：川口町田麦山

d：川口町市街部

写真１－５　木造二階建て車庫タイプの被害

では一世帯に対して住家一棟とこのタイプの木造構造物一棟から構成されていることが多く、住家ではありませんが集落を構成する木造構造物として被害程度を比較する上では、有効な要素となっています。

次に、〝木造二階建て一般住家〟タイプが挙げられます（写真1-6）。これは、一般的な二階建ての住家で、豪雪地域に対応した構造であることから、雪の少ない地域の一般住家と比較して柱が太く、柱の本数を多くして積雪による屋根荷重に対応したものとなっています。また、屋根雪の自然落下や雪下ろしを考慮して、多くは一階部分と二階部分の床面積が同じ直方体状の建物であるという特徴があります。このため、都市部の住家のように間取りのデザインの多様性がなく、住宅に対する揺れの強さを比較しやすいものと考えられます。

もう一つは〝高床式木造二階建て一般住家〟タイプです（写真1-7）。これは、中越地域に特徴的なもので、基礎部分が普通の住家での一階部分の高さに相当するベタ床鉄筋コンクリート構造で、この基礎の上に在来工法の木造二階建ての住家が造られたものです。この一階部分に相当する鉄筋コンクリート構造は、車庫部分や小さな間仕切りを多用した構造になっていて、間口が広いピロティ形式のような構造より地震に強いと考えられます。また、上部の建屋は一般の木造住宅ですが、雪を自然に落下させるために屋根の棟を高くして屋根勾配が急であるという特徴があります。

中越地域では、市街部を除く被災地域のほとんどの住家がこの三つのタイプに区分でき、これ以外

a：川口町市街部

b：川口町田麦山

c：小千谷市両新田

d：川口町和南津

写真１－６　木造二階建て一般住家タイプの被害

a：川口町田麦山

b：川口町田麦山

c：川口町武道窪

d：川口町市街部

写真１－７　高床式木造二階建て一般住家タイプの被害

のタイプの住家をほとんど含みません。耐震性の評価に重要な築年数に関しては、一〇〜一五年程度前から〝高床式木造住宅〟が普及することから、一〇〜一五年前を境に、〝高床式木造住宅〟とこれ以前の〝木造二階建て一般住家〟に建築年数を分けることができます。このため被災地域の住家は、およその建築年数と構造物の様式区分が一致する特徴があります。したがって、これらの住家のタイプと被害の状況を調べれば、各地区（集落）単位での地震動による被害の程度の大小を比較することができるものと考えられます。被害の程度を倒壊・大破率として区分したものを図1-8に示します。

建物被害は偏在している

図1-8を見ると、小千谷市の建物被害は、市街中心部で震度六強を記録しているにもかかわらず、市街中心部では比較的被害が軽微であり、大きな被害は小千谷市の西部に集中しています。この西部の各地区の中でも住家の倒壊・大破率は、数％から約二五％までの違いがあり、中でも桜町、油新田、薮川、打越地区では木造構造物の倒壊・大破率が約二〇〜二五％と高率となっています。

また、川口町〜堀之内町（現魚沼市）の倒壊・大破率は数％から最大八〇％までと大きく異なっています。例えば震度七を観測した川口町市街部では、倒壊・大破率が約一五〜六〇％と高いのですが、魚野川を挟んだ市街部の対岸では外見上の被害は軽微な住家が多く見られます。同じ震度七の被災地域でありながら、建物被害の程度は大きく異なっています。

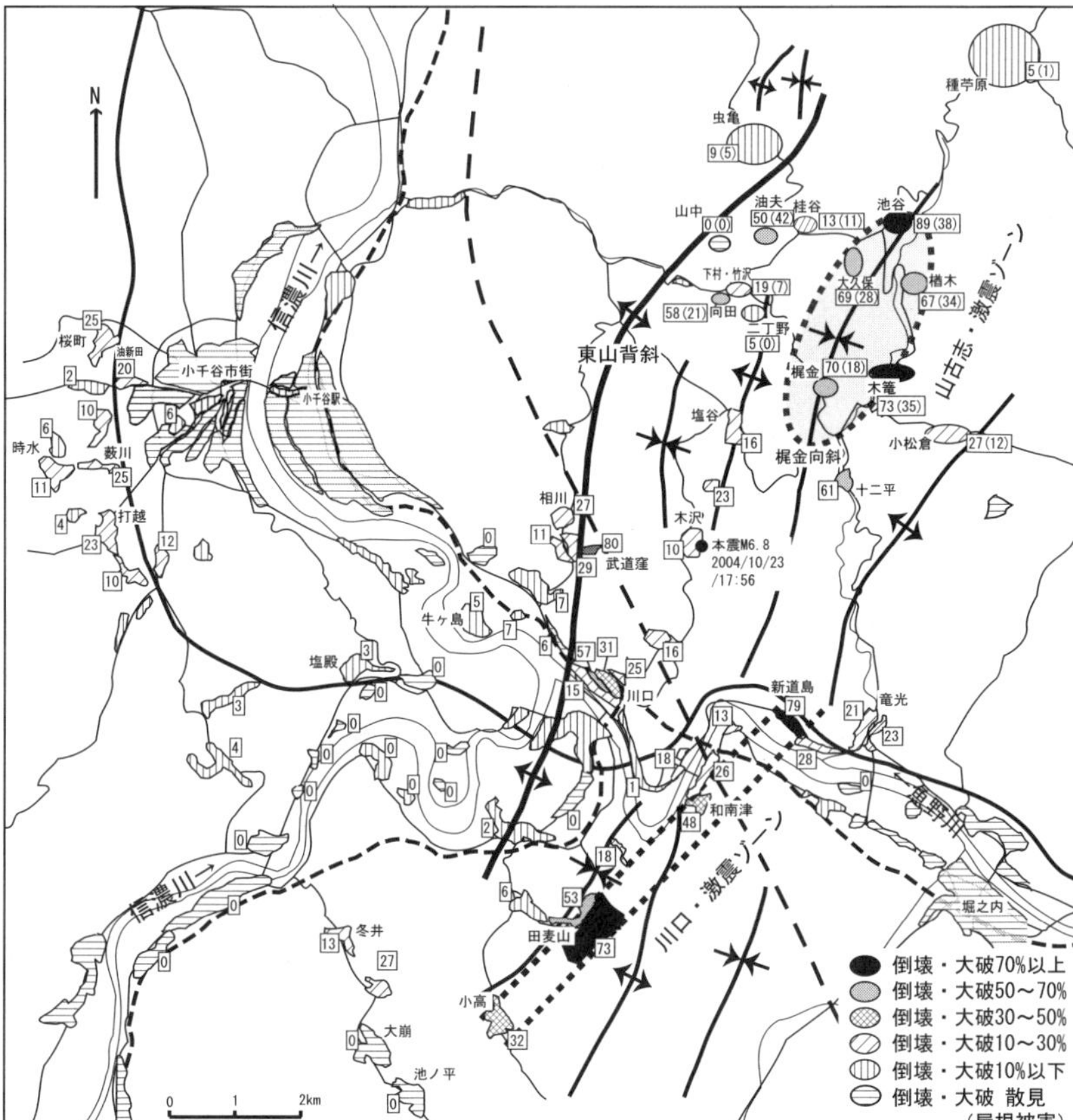

図1－8　被災地域における建物被害分布
□中の数字は倒壊・大破率を示す。山古志地域の□中の（　）内の数字は斜面崩壊による建物の倒壊・大破率を示す。

倒壊・大破率が特に高い地区は、堀之内町（現魚沼市）新道島地区西部（約八五％）、川口町和南津（約五〇％）、同田麦山（約七〇％）、同小高（約三〇％）、同武道窪地区西部（約八〇％）と川口町市街部の一部です。また、信濃川両岸の川に近い河成段丘では建物被害が低率です。

山古志地域の各地区の倒壊・大破率を見ると梶金（約七〇％）、木篭《こごも》（約七〇％）、大久保（約七〇％）、楢木《ならのき》（約七〇％）、池谷（約九〇％）、向田（約六〇％）、油夫《ゆぶ》（約五〇％）で高く、虫亀、種苧原《たねすはら》地区などの住家数が多い地域での被害は約五〜一〇％と比較的軽微です。「別の村みたいだ」。虫亀地区の人が池谷・楢木地区の被害を見て言ったことばです。同じ村の中でも大きく被害が違うことを物語っています。

建物被害は、単に震源からの距離が近ければ大きくなるのではなく、実際の被害は、地盤が悪いことや地震動の増幅・共振などの要因が重なり、被害の程度を決めていることが考えられます。とかく、避難者が多いところが注目され、報道された地点の被害状況が強調されますが、多くの救助・救援の手が必要とされる被災地の中で、どこで何が起こり、何が必要なのかを把握し、効率的に支援を分配することは重要な課題です。

激震ゾーン

建物被害の分布図（図1-8）で、特に木造構造物の倒壊・大破率が非常に高い地区（集落）を細かくみると、特徴があることが分かります。

例えば、堀之内町（現魚沼市）新道島地区は、魚野川右岸の狭長な河成段丘面や段丘面上に薄い崩壊性堆積物が分布するところですが、同じ地形・地質環境であってもこの地区の倒壊・大破率は西部が約八五％、東部は約三〇％と大きく異なっています（図1−9）。この新道島地区西部では、重さ約三〇〇kgほどの置き石の跳びはねる現象（写真1−2）も見られ、置き石の跳躍からの推定では震度七相当の地震動を受けていることが分かります。このような地形や地盤の相違と関係していないと思われる被害の集中は、新道島西部に加えて、南西方向に位置する川口町和南津の南側、川口町田麦山地区、小高地区で見られます。これらの地区では、強震動の影響を受けて建物の被害が大きくなったものと考えられ、幅五〇〇m程度と比較的狭い幅で、ほぼ六kmの直線上に並ぶことから〝川口・激震ゾーン〟として区分しました。この激震ゾーンは、東京大学地震研究所の緊急余震観測による余震の集中面の地表への延長上に位置すること（図1−10）や、産業技術総合研究所の堀川晴央さんの震源断層モデルでも、各地の地震波形からモデル化した震源断層面の地表との交線がこの激震ゾーンと一致することから、本震の断層運動による非常に強い震動が伝播して、ほぼ直線上の狭長な範囲に非常に強い強震動による被害が表れたものであると考えられます。なお、小高集落を南限とする激震ゾーンの分布は、余震の分布域の南限とも一致し、東山丘陵に分布する褶曲構造の南限とも一致します。

このような被害の集中は、山古志地域でも見られます。池谷、大久保、楢木、梶金地区では倒壊・

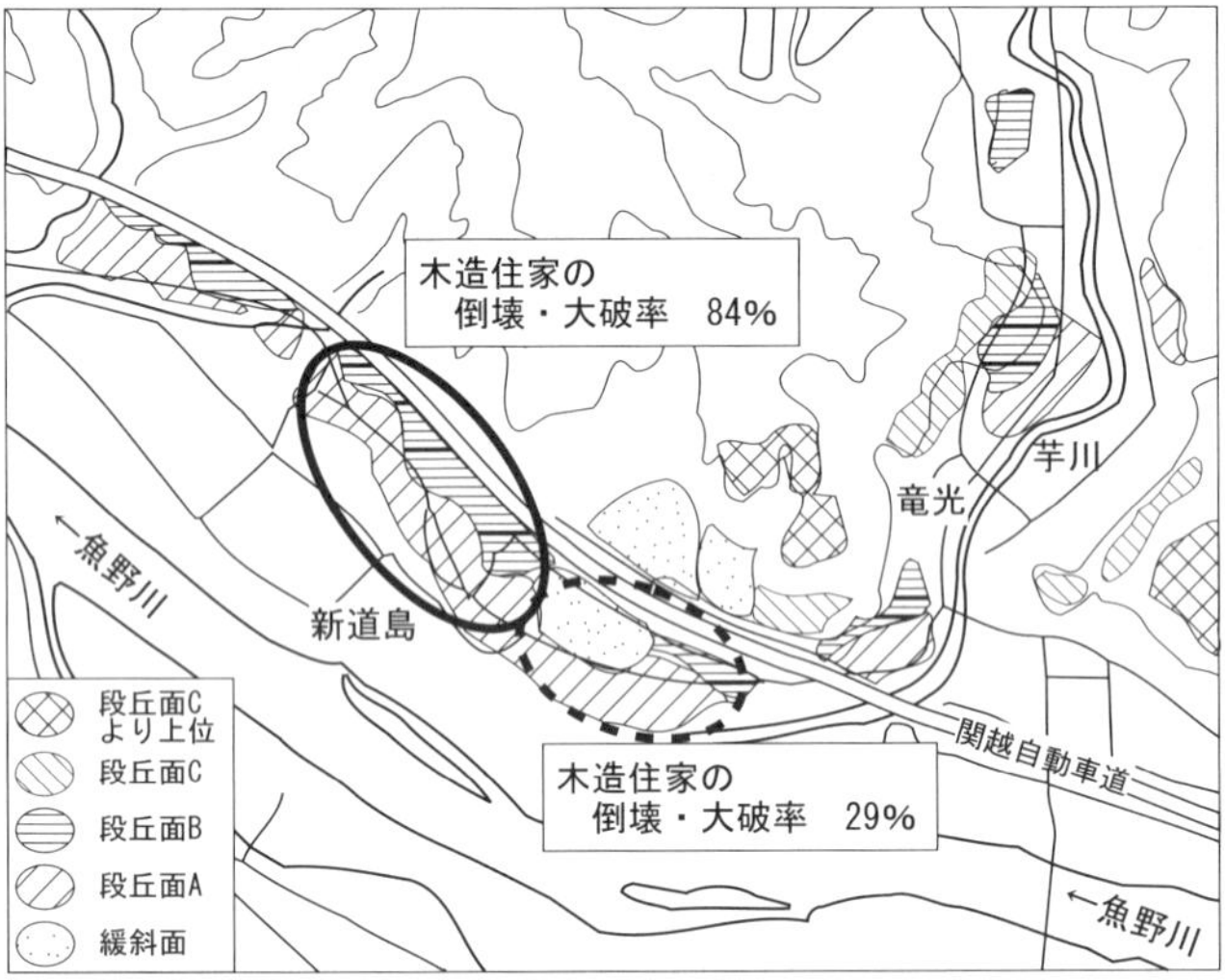

図１－９　新道島地区の地形と被害分布

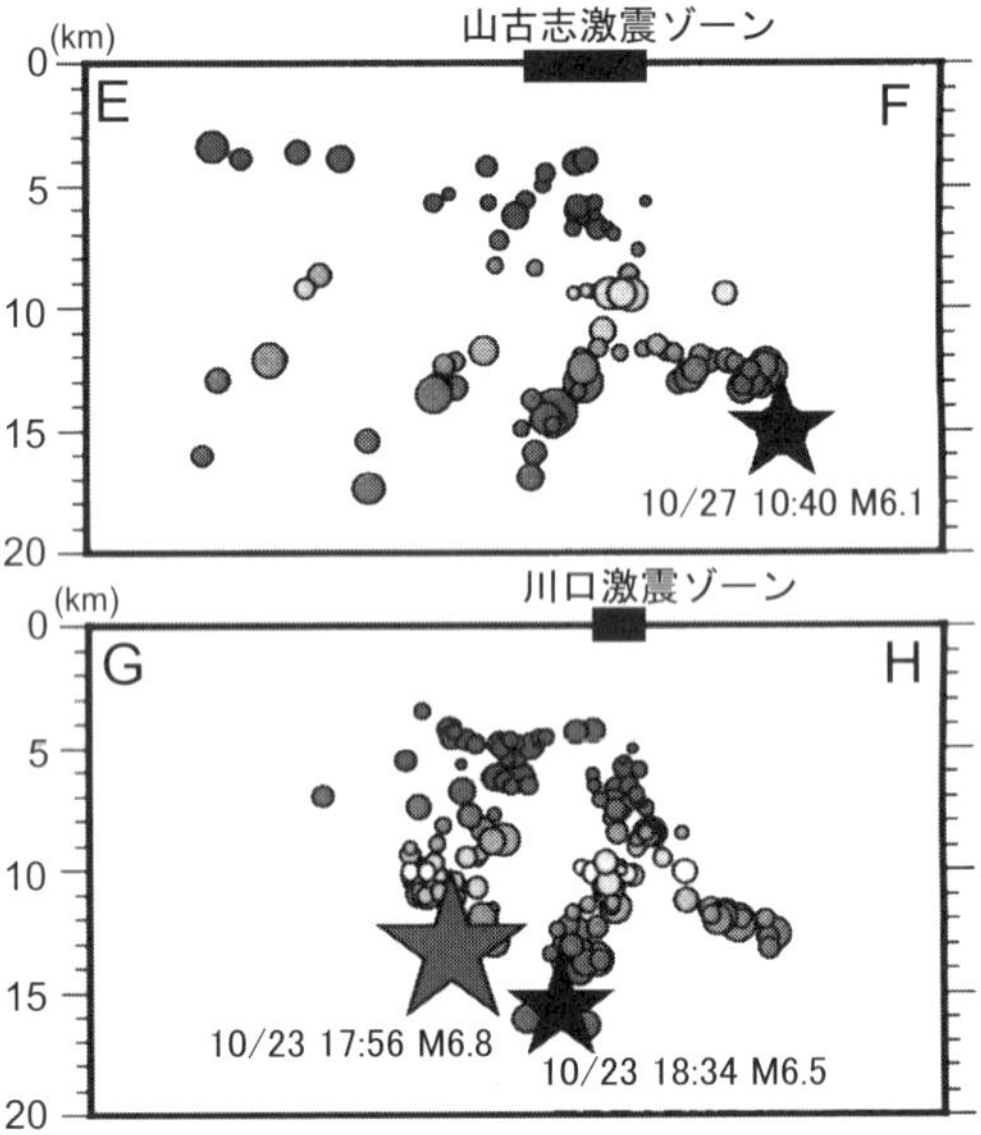

図１－10　余震観測断面と激震ゾーン

大破率が七〇%を超えています。これらの地域は、川口地域の激震ゾーンのように直線的に分布していませんが、東山背斜の東側の小規模な向斜である梶金向斜部に集中しています。これらの地域は、前述の緊急余震観測断面でも余震の集中面の地表への延長上に位置することから(図1−10)、川口地域の激震ゾーンと同様に、本震の震源断層による強震動を受けたものと考えられます。

川口地域と山古志地域での激震ゾーンは、直線的には分布せず東山背斜に対して雁行《がんこう》配列するように位置しています。このため両者は、同一断層の延長ではなく二つの断層に分けられますが、大局的には東山丘陵の中心を構成する東山背斜の東側のひずみ帯(背斜と向斜の間で地層が一番屈曲した部分)に相当しています。褶曲構造の一番屈曲した部分の地下では褶曲構造を形成させた断層があると思われ、今回の強震動帯は、もともとの褶曲構造のひずみ帯の地表への延長部に相当するものといえましょう(図1−11)。そこで、中越地震の地震活動(本震の震源断層)そのものが、東山丘陵を隆起させ、東山背斜の褶曲構造を形成してきた断層群の再活動であると考えられます。

三、地震による地盤災害

今回の地震でも多くの地盤災害が発生しました。少し広い意味で地盤災害をとらえると、緩傾斜地や丘陵部での斜面災害から平地での液状化による災害まで含まれます。今回の地震によるいくつかの地盤災害の事例を考えてみましょう。

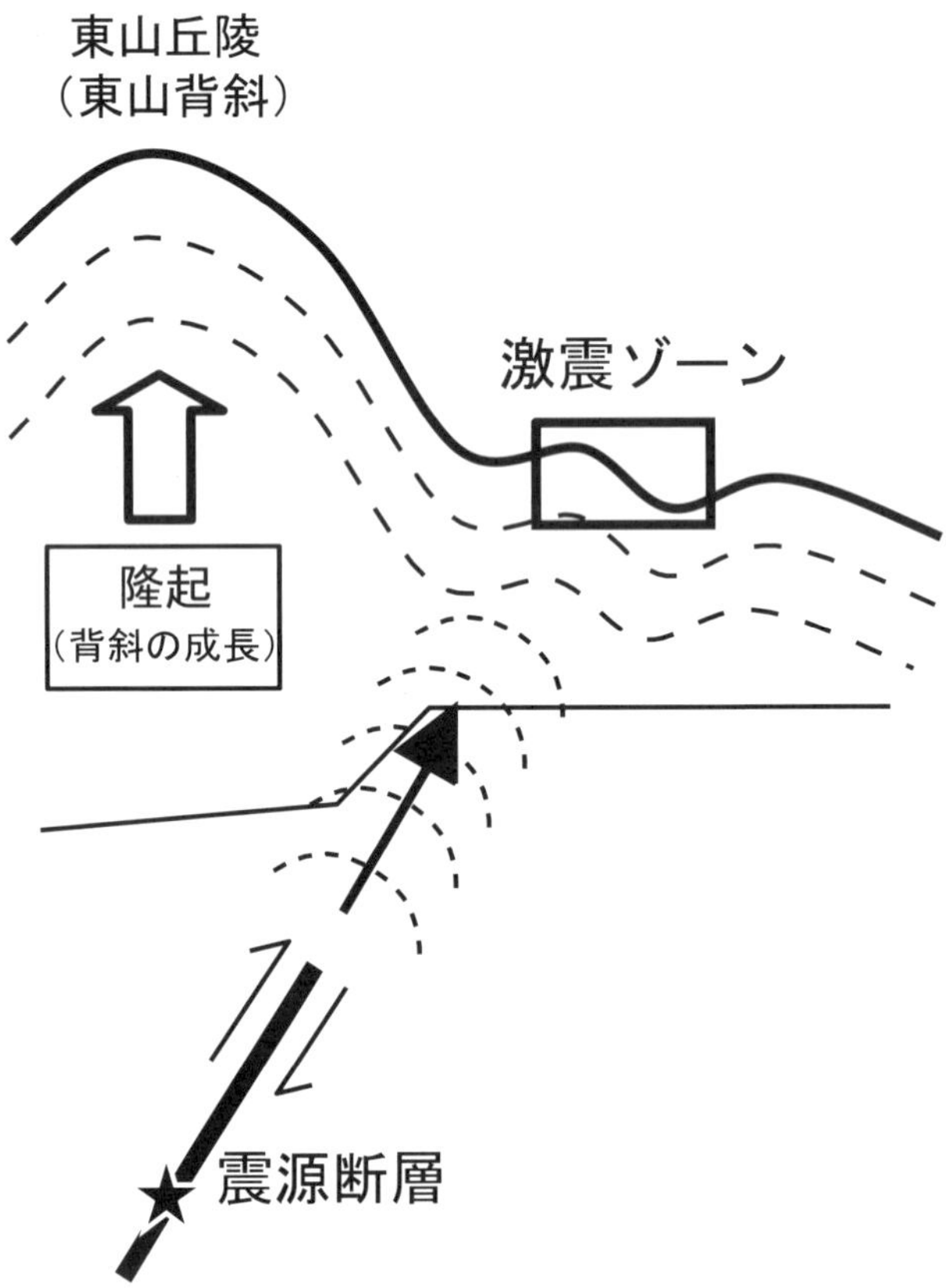

図１－11　褶曲構造と激震ゾーン

長岡市妙見町の岩盤崩落

長岡市妙見町付近の信濃川右岸では、急な崖が川岸まで迫り、崖に沿って県道五八九号線（旧国道一七号）が通っていました。そこで大規模な岩盤崩落が発生しました（口絵写真・写真1-8）。中越地震では多くの斜面災害が発生して道路を寸断しましたが、その中でもこの地点の崩壊は大規模で特異なものです。また、この地点では数台の車両が土砂に巻き込まれ、このうち一台は地震発生から二日後の一〇月二六日に発見され、二七日から取り残された母子三人の救助活動が開始されたところで、救助の様子は全国的に報道されました（男児一人救助）。地震発生の翌日に現地を対岸から見たときは、岩盤ブロックの割れた面が新鮮な地層の青灰色をしていて、まるで採石場でダイナマイトを使って岩盤を崩したような様相を呈しており、通常の地すべりによる土砂崩壊とはまったく違う異様な感じを受け、同時に、この土砂の中に車両が巻き込まれていないのかと案じたのが最初の印象でした。

この地域の地層は白岩層《しらいわそう》と呼ばれる浅い海に堆積した砂混じりの泥岩層で、一見すると地層の境目がなくひと塊の地層に見えますが、数mごとに薄い砂岩層や火山灰層を挟んでいて、信濃川の方向に緩く傾いている地層です。この岩盤崩落の要因はまだはっきりと分かりませんが、隣接する小千谷市横渡では、同じ白岩層が数mの厚さで薄い砂岩層を境としてすべり台をすべるような形で崩壊しており（写真1-9）、妙見の崖も基本的には同じ原理で崩壊を起こしたものと考えられます。しかし、一

写真１－８　長岡市妙見における斜面崩壊

写真１－９　小千谷市横渡の層面すべり

気に突き上げられるような形で岩盤が崩壊した様相から、周囲より特に強い地震動を受けて、大きな崩壊に至ったものと考えられます。

山古志地域の斜面崩壊・地すべり

山古志地域では、非常に多くの斜面崩壊が発生して道路網を寸断し、避難や救助の妨げになっただけではなく、ライフラインや建物の地盤にも大きな被害を与えました。発生した斜面災害のうち、多くは斜面の表層部が剥離《はくり》するように崩れる表層崩壊という現象ですが、発生の幅が広く尾根付近から谷底まで崩落しています。また、数カ所で比較的大きな規模の地すべりも発生しました。丘陵部や山間地で発生する斜面災害は、道路を寸断するだけでなく、崩壊した土砂によって河道が閉塞され、地すべりダムを形成することが過去の地震災害においても繰り返されています。地すべりダムは、閉塞部から上流の集落の水没やダム部分が越流によって決壊した場合、下流地域に泥流の災害をもたらす恐れがあります。泥流は土砂が主体の流れで、礫（砂利）の割合が多いものを土石流と呼びます。地すべりダムに対する人工的な対策ができなかった時代には、ダムが決壊して下流に泥流（山間部の泥流・土石流は山津波とか鉄砲水とも呼ばれている）災害を引き起こしてきました。

今回の地震においても山古志地域の芋川流域では比較的大きな地すべりや表層崩壊によって河道がせき止められ、地すべりダムが形成されました。東竹沢で発生した地すべりは、芋川を完全にせき止め、上流の木篭集落の十数戸を二階の屋根まで完全に水没させました（口絵写真・写真1−10）。また、楢木地区南部での表層崩壊による河道閉塞（写真1−11）は、楢木集落の数戸を床上浸水程度まで水没させました。大規模に河道がせき止められた個所は、土砂の除去や排水路の確保が行われ、泥流の発生を抑えていますが、斜面崩壊や小規模な地すべりによって、芋川の支流や小渓流は土砂で埋積されており、今後も二次的な土砂災害の発生を警戒する必要があります。

旧流路堆積物による被害の集中

激震ゾーンのような地区や集落単位での被害の集中ではなく、もう少し細かく建物被害を見ていくと、地盤を構成する堆積物の違いによる被害程度の差が表れることがあります。いわゆる地盤が良い、悪いという違いです。この〝悪い〟地盤としては、かつての川の流路部分が例として挙げられます。例えば、川口町市街部は、全体に建物被害の大きい地区ですが、同じ市街部の中でもＪＲ越後川口駅を含む緩傾斜地と旧国道沿いの部分と役場付近では被害の程度が異なり、旧国道沿いの部分で特に被害が集中しています。この部分を現在の地形や古い空中写真による地形から判断すると、役場周辺よりもやや低い地形で、魚野川の古い流路の跡に相当することが分かります（図1−12）。一般にこのような古い流路は、河道が移動した後に低い地形の低湿地として残り、軟弱な粘土層や有機物を多く含む堆積物で構成されていることが多く、周囲と同じ地震動を受けても、この部分だけ建物被害が

写真１－10　木篭集落の水没

写真１－11　楢木地区南部での表層崩壊による河道閉塞

大きくなることが知られています。今回の川口町市街部の旧国道沿いの被害の集中は、まさにこれまでの地震災害と同様に古い流路に相当する部分で、建物被害が集中したと考えられます。

段丘地域での被害

被災地域の地形は、信濃川と魚野川が形成した河成段丘で特徴づけられます。これらの段丘地形は、段丘堆積物として主に河川の運搬した砂礫層から構成される河成段丘（平坦）面と段丘上に発達する泥質な堆積物から構成される扇状地状緩斜面に細分することができます。中越地震では、この両者の地形面で建物被害の程度が異なり、扇状地状緩斜面で建物被害が大きくなる現象が起りました（図1―13）。これまでの地震災害では知られていなかった現象です。これは、それぞれの地形面を構成する堆積物が異なることが原因と考えられます。

河成段丘面は、厚い砂礫層と薄い砂層、表土からなる段丘堆積物から構成されるため、住家や構造物の基礎地盤としては良好であり、全体として見ると建物の倒壊・大破率が低くなっています。

これに対して、扇状地状緩斜面は、段丘の離水後に背後の支流からもたらされた堆積物が形成する地形です（第二章参照）。一般に扇状地は粗粒な砂礫層から構成されていますが、この場合は周囲の丘陵・山地が泥や細かい砂の地層であるため、もたらされた堆積物は細粒な泥や砂の地層から構成されます。これらの堆積物の存在によって建物被害が増大した可能性があります。

図１－12　川口町の被害の概要

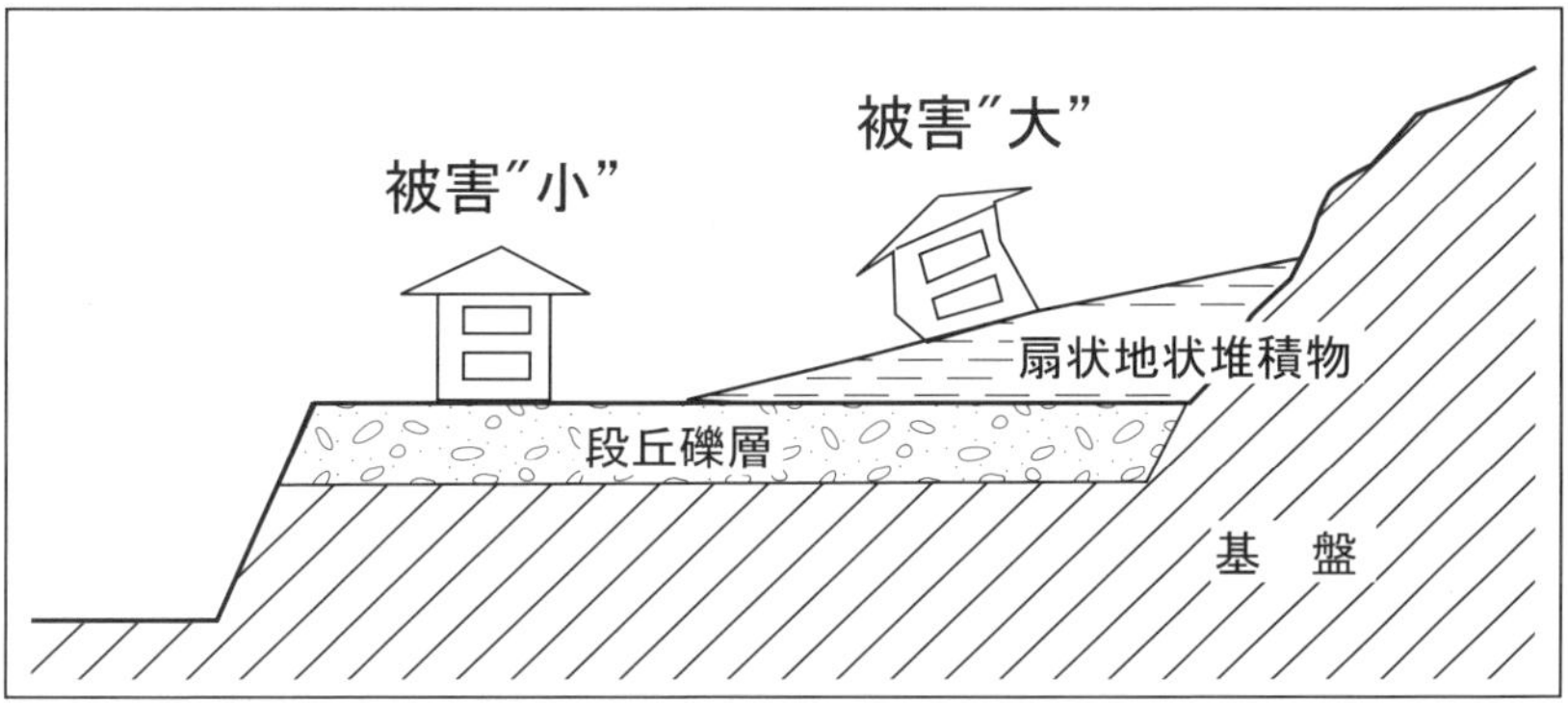

図１－13　段丘地形と「扇状地状地形」

両者の建物被害の違いは、倒壊・大破率の違いとして表れることもありますが、倒壊・大破がほとんどない場合でも、外見上ほとんど被害が分からない住家と屋根の棟部分に被害がある住家という違いとして表れることがあります。

液状化による建物被害

一九六四（昭和三九）年の新潟地震では、新潟市内の旧信濃川の流路にあたる地域で広範囲に液状化が起り、多くの建物や構造物が被害を受けました。液状化による地盤災害というと、新潟地震の時のような低地の旧流路部分で発生する場合や、一九九五（平成七）年の阪神・淡路大震災に見られる海岸部の埋め立て地の被害という印象があります。しかし、液状化現象は、液状化しやすい砂層と高い地下水位があれば、海岸部から離れた地域でも発生します。今回の被災地でも、液状化による建物被害は少なくありません。特に古い流路に相当する地下水位が高い個所では、建物被害が発生しています。

小千谷市土川二丁目は、市街部の船岡山の北側に位置する低い段丘状の地形を盛り土して宅地化された地区ですが、道路の継ぎ目や側溝との境界、宅地の庭先など地区内の多くの地点で、液状化による噴砂がありました。これらの液状化の多くは建物に大きな損壊を与えていませんが、部分的には建物自体を傾かせていました。地区内でも地形的に低く低湿地が残る所では、地盤の液状化と流動現象

写真１－12　液状化による水田の被害（小千谷市高梨）

によって建物の基礎が破断され大破している住家もありました。特に被害の大きい所は、古い地形図、航空写真とボーリング資料から判断すると、川の流路であった個所に相当することが分かります。このように、液状化による建物被害は、海岸部だけで発生する現象ではなく、条件がそろえば内陸部でも発生する災害であることが分かります。同様な液状化による建物被害は、第五章でも述べるように震源地から離れた刈羽村の砂丘末端部でも発生しました。

液状化による農地被害・堤防被害

中越地震では、建物被害は少なかったのですが、信濃川や渋海川《しぶみ》などの河川沿いの田んぼでは多くの噴砂や地盤の流動現象が見られました。小千谷市北部の信濃川左岸にある高梨町では、田んぼに直線状の地割れを伴う噴砂が見られ、中には砂利が噴出していたり、暗渠《あんきょ》排水用の土管が浮き上がっているものも見られました（写真1－12）。また、地盤の側方流動によって、農道が波打つように変形したり水路が屈曲して盛り上がったりした現象も見られました。この地区での直線状に延びる大規模な地割れと液状化は、圃場《ほじょう》整備前に砂利を採取して埋め戻した跡の区画境界に一致しています。大規模な液状化は砂利採取後の埋め戻しにも要因がありますが、信濃川沿いでは広範囲にわたり液状化が見られ、複数の地点で、堤防にも被害をが出ました。地震の二日前は降雨で信濃川が増水していたことを考えると、もし増水と地震が重なれば洪水災害も発生した可能性が高いものと考えられます。

第二章　中越地震発生の背景——新潟の大地の成り立ちと中越地震——

ここで今回の中越地震が、どのような背景のもとで発生したものか、中越を中心とした新潟の大地の成り立ちを見てみましょう。

一、世界有数の変動帯フォッサマグナ

フォッサマグナという地質用語を知っている人、また糸魚川市にあるフォッサマグナミュージアム（博物館）を訪れたことがある人も多いと思います。

フォッサマグナとは、ラテン語で「大きな割れ目」を意味する言葉で、日本列島を南北に横断して東西に二分する、地質構造のうえでの特異な地帯です（図2-1）。フォッサマグナはドイツの地質学者ナウマンが命名した、世界的に広く知られた地質構造帯です。ナウマンは明治の初め一八七五（明治八）年に二〇歳の若さで来日し、日本の地質学の育成に大きな役割を果たしました。

フォッサマグナの西縁は糸魚川—静岡構造線で、東縁については、より若い地層や火山噴出物で覆われているため、まだ議論が残されています。新潟は、このフォッサマグナの北部に位置し、北部フォッサマグナ地域と呼ばれています。

フォッサマグナの大きな特徴は、これができ始めた約一八〇〇万年前（第三紀・中新世）から現在

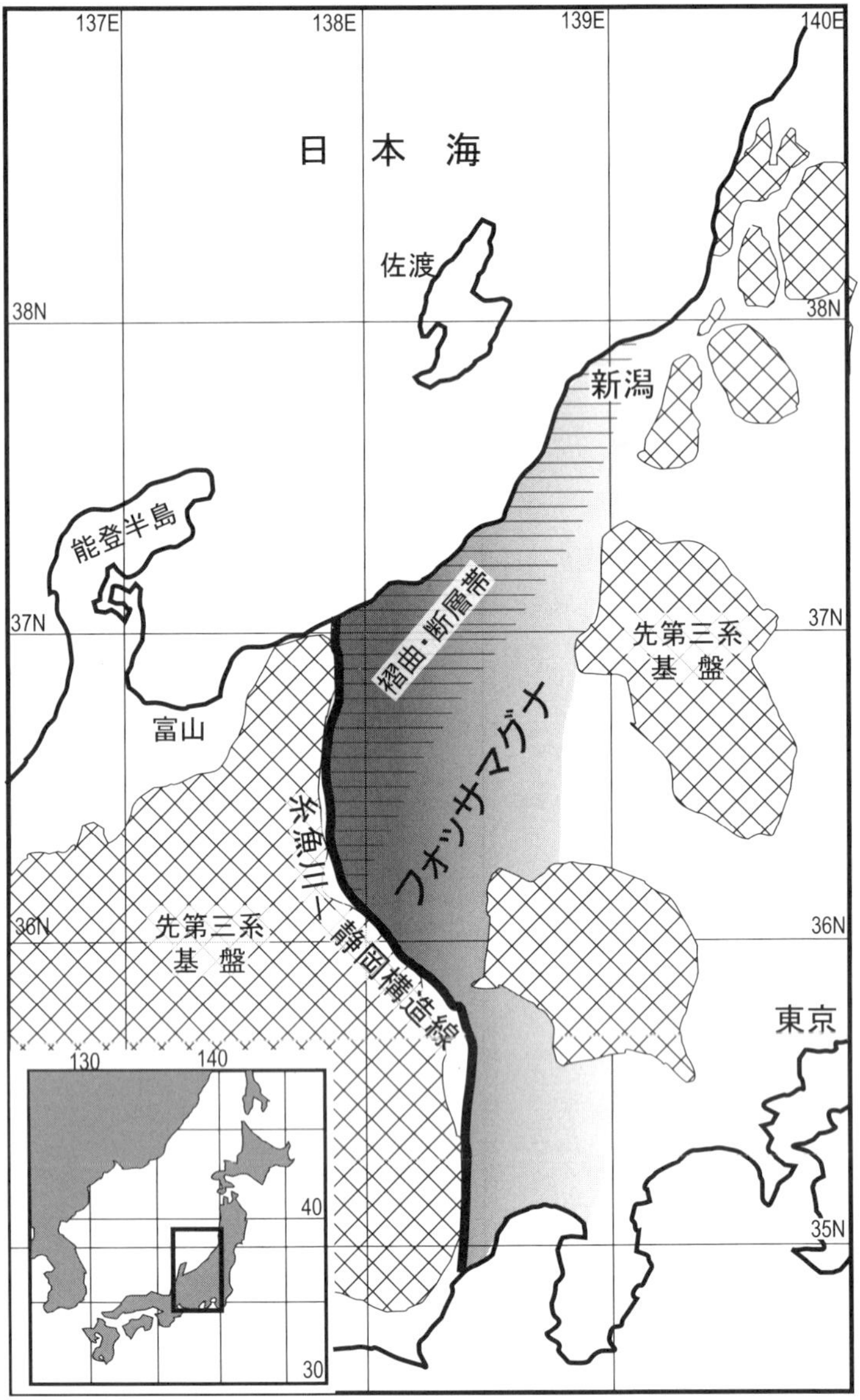
137E
138E
139E
140E
日本海
佐渡
38N
新潟
能登半島
37N
褶曲・断層帯
先第三系
基盤
富山
フォッサマグナ
糸魚川－静岡構造線
36N
先第三系
基盤
東京
130
140
40
35N
30

図２－１　フォッサマグナ

まで、日本列島の中でも特に活発な地殻変動帯であることです。日本列島とその周辺では、地球上の火山・地震エネルギーの約一割が放出されているといわれています。日本列島は世界で最も活発な地殻変動帯の一つです。フォッサマグナの北部にある新潟は、世界的な変動帯である日本列島の中でも活発な地域であるといえます。

フォッサマグナの海

フォッサマグナ形成の初期には、現在の日本列島を横断した形で、太平洋から日本海までつながった海ができました。この海は活発な海底火山活動を伴って深く沈み込み、周辺の陸地から大量の物質が流れ込み土砂が厚く堆積しました（中越地域ではこの時代の地層の厚さは三〇〇〇～四〇〇〇mにも達します）。

日本海と太平洋がつながったフォッサマグナの海は、四〇〇万～五〇〇万年前ごろには海の埋め立てと隆起によって分断され、日本海と太平洋が分かれます（図2-2）。しかし、中越地域をはじめ新潟の大部分には、この後も海が残り、土砂の堆積が続きます。山古志村（現長岡市）をはじめ中越地震で大きな被害が出た地域には、しばしば泥岩や砂岩の中からこの海に棲《す》んでいた貝の化石が見つかります。中越地域ではこの海は一〇〇万～二〇〇万年前ごろ（第四紀更新世前期）まで続いたとみられています。

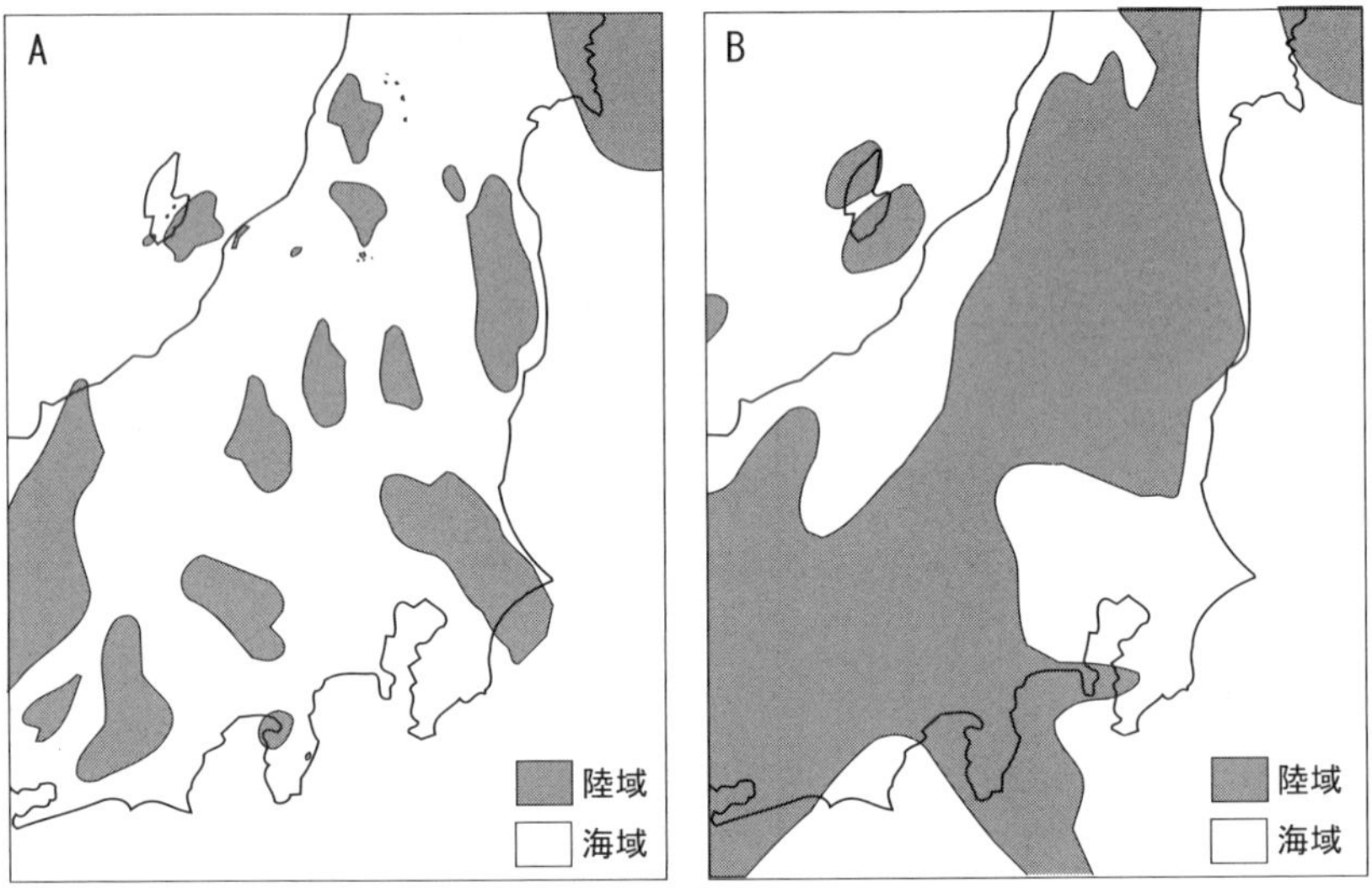

図２－２　フォッサマグナの古地理（海と陸の分布；湊ほか1965を簡略化）
A：約1800万年前　　B：約400－500万年前
『THE GEOLOGIC DEVELOPMENT OF THE JAPANESE ISLANDS』
（1965年　築地書館）

ところで、エネルギー資源のほとんどを海外に依存する日本で、新潟は秋田とともに、現在も石油・天然ガスの生産が続けられている数少ない地域です。この資源もフォッサマグナの海に生息した生物がその源となっています。

海から陸、そして山に—変動の転換

中越地域では、今から四〇万～五〇万年前ごろ（第四紀更新世中期）から隆起運動が活発となり東山、西山、魚沼などの丘陵・山地ができ始め、隆起は現在も活発に続いています（図2-3）。この隆起運動によって「フォッサマグナの海」で堆積した厚い地層が強く褶曲しました。新潟県から長野県にかけての北部フォッサマグナ地域は、褶曲地帯としても有名です。この時代の隆起量は、たとえば魚沼丘陵では最大一〇〇〇mほどに達すると見積もられます。

隆起・山地の成長に伴って、地すべり・崩壊も活発に進行します。つまり、山地の成長が活発なほど、これに対する山地の解体・浸食作用が活発に働きます。

四〇万～五〇万年前ごろから始まる隆起運動は、中越地方だけに限られた現象ではなく、新潟、さらに広く日本列島の丘陵・山地にほぼ共通した現象です。越後平野東方の五頭《ごず》山地もこのころから大きく隆起し、現在までの隆起量は約一〇〇〇mに達すると見積もられます。五頭山地ではこの隆起に伴って、無数の土石流が繰り返し発生しています。

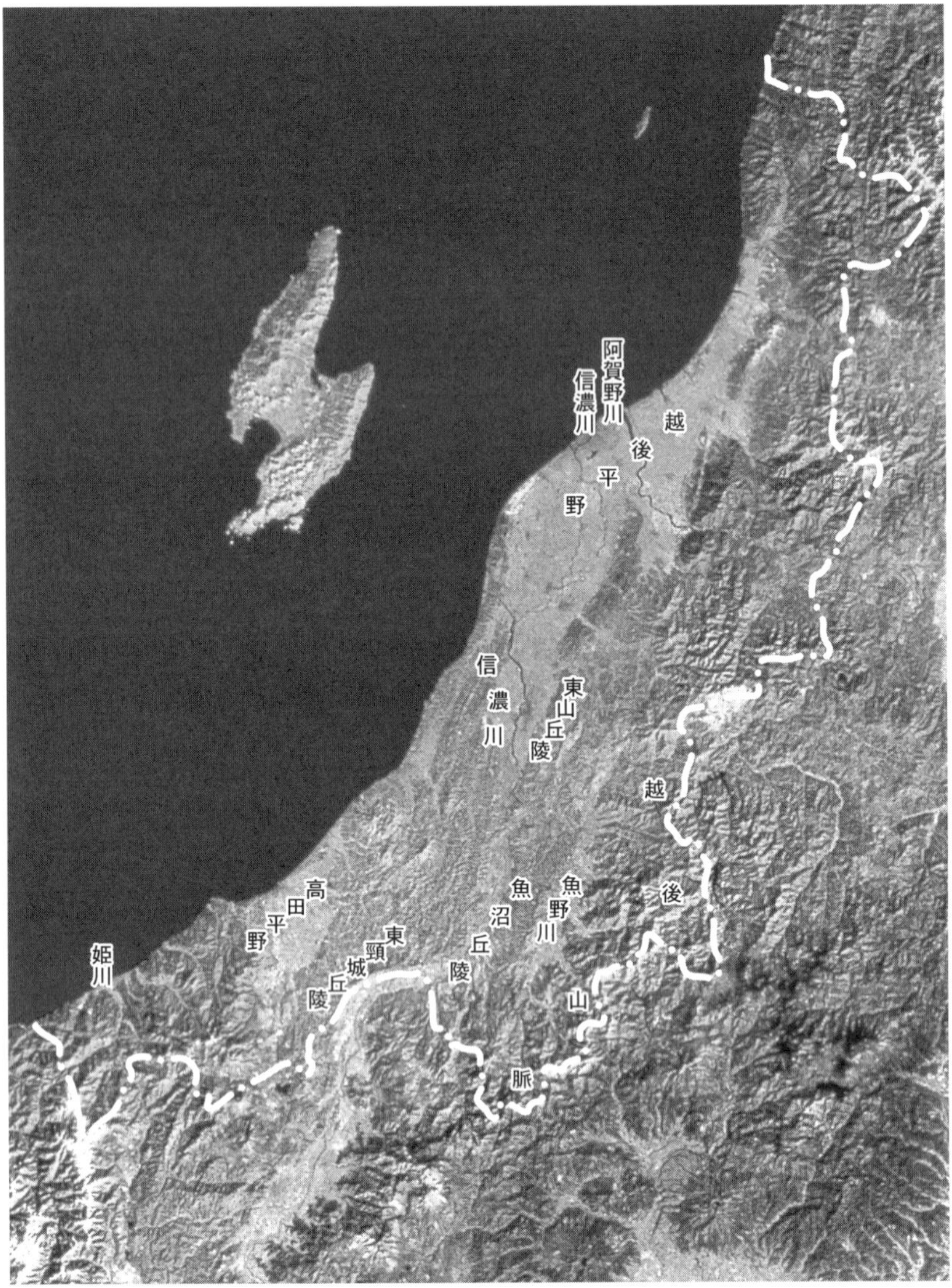

図２－３　新潟の地形

また、フォッサマグナ地域ではこの時代に、北から妙高山、焼山、八ケ岳、富士山などを含む多くの火山が活動を始めます。

越後平野は沈降を継続

一方、現在の越後平野では四〇万〜五〇万年前以後にも海が残り、沈降が続きます。この沈降は現在も活発に進行しています。例えば、越後平野の「沖積層」は日本一の厚さ約一四〇mです。沖積層とは、最後の氷期（約二万年前ごろに最も寒く、新潟の気温が現在の北海道北部からサハリンぐらいとみられています。大陸では氷河が発達し、海面が今より八〇〜一〇〇m低かったとみられています）から後、現在までに平野部で堆積した地層です。日本列島の平野で沖積層の厚さが一〇〇mを超えるのは越後平野だけです。

また、味方村《あじかた》（現新潟市）では約五〇〇〇年前（縄文時代中期）の遺跡が地表面下一九mに埋没しており、信濃川・阿賀野川河口部でも約五〇〇〇年前の地表面が地下一五〜二〇mの深さに埋もれていることが確認できました（本章第四部）。

五〇〇〇年前というと、私たちの生活の時間の感覚では、とてつもなく長い時間ですが、地質学的な時間尺度ではごく若い時代で、地球の歴史では「社会の歴史の現代史」に相当するものです。

越後平野の地下には、沈降に伴って四〇万〜五〇万年前以後に堆積した地層が四〇〇〜五〇〇m、またはそれ以上の厚さで堆積しています。この堆積物は、越後平野の周辺でこの時代に活発に隆起した丘陵・山地で地すべり・崩壊、土石流が生産した大量の土砂が信濃川と阿賀野川の二大河川を通じて越後平野に運び込まれ、そこで堆積したものです。

現在の地形をつくる変動「山は高く、低地は低く」

これまで大急ぎで新潟の大地（地質）の成り立ちを見てきました。ここで整理しておきたいことは、新潟の地形をつくる変動は現在も活発に進行していることです。この変動は「山は高く、低地は低く」なるという変動です（図2−3）。

中越地震はこの変動の一環として、東山丘陵の南部で発生したものと、私たちはみています。東山丘陵は今も成長（隆起）の真ったただ中にあるのです。

二、「信濃川地震帯」

信濃川から越後平野は、「信濃川地震帯」と呼ばれ、古くから地震が多いところとして注目されてきた地帯です（図2−4）。その延長は南は千曲川、北は日本海につながるとみられています。この「地震帯」で発生した歴史地震として、次の地震が知られています。

（一）一八二八（文政一一）年・三条地震（M六・九）

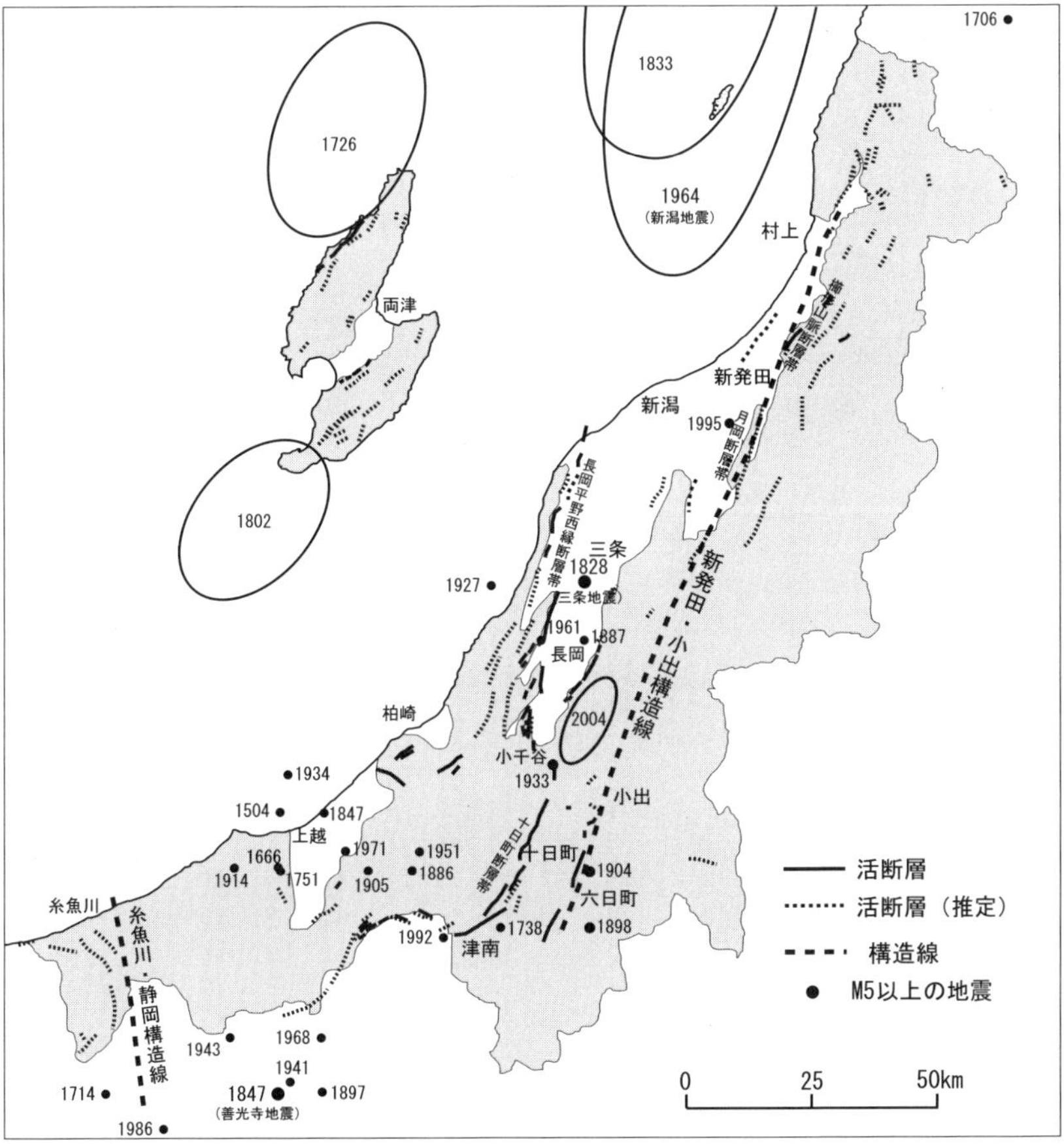

図２－４　新潟地域の活断層と歴史地震・信濃川地震帯

越後平野の直下地震。死者一四四三人、全壊九八〇八棟。三条・見附・今町・与板で被害が大。
（二）一八四七（弘化四）年・善光寺地震（M七・四）
震源地は現長野市。死者八〇〇〇～一万二〇〇〇人。地震発生時の旧暦三月二四日は、七年に一度の善光寺の御開帳に当たっており、多くの参拝者が集まっていた。被害は高田から松本に及ぶ範囲にわたる。山崩れ・地すべりが多発し、松代領だけで四万カ所以上。虚空蔵山が崩れ犀川をせき止め、これが旧暦四月一三日に決壊し、この洪水による死者一〇〇人余り、流失家屋八一〇棟。
（三）一九二七（昭和二）年・長岡関原地震（M五・二）
局所的に強震。負傷二人。半壊二三棟。
（四）一九六一（昭和三六）年・長岡地震（M五・二）
典型的な局部地震で、被害は直径二㎞の範囲に集中。死者五人、全壊二二〇棟、半壊四六五棟。
（五）一九六四（昭和三九）年・新潟地震（M七・五）
日本海沖の粟島周辺が震源。死者二六人。全壊一九六〇棟、半壊六六四〇棟、浸水一万五二九八棟。この地震で液状化による災害が初めて知られるようになった。その後の液状化調査・研究の契機となった。粟島が約一m隆起。
（六）一九九五（平成七）年・新潟県北部（福島潟）地震（M五・五）
福島潟の直下地震。負傷者八二人。全壊五五棟。

（七）二〇〇四（平成一六）年・中越地震（M六・八）
中越地域、東山丘陵南部における直下地震。死者六七人。負傷者四七六五人、全壊三一七五棟、半壊一万三七九四棟。中山間地で集落が孤立。山古志村（現長岡市）全村民避難。地震後の豪雪との複合災害が特徴（第一・三章で詳述）。

このほか、一九七八（昭和五三）年日本海中部地震（M七・七）、一九九三（平成五）年北海道南西沖地震（M七・八）が発生し、これらが新潟地震、さらに信濃川地震帯につながる活動とみなされ、信濃川地震帯は北米プレートとユーラシアプレートの境界に当たるという考えも出されています。

ところで、地震被害については、善光寺地震は山地での土砂災害、新潟地震は沖積平野での液状化を主とする軟弱地盤の災害、日本海中部地震と北海道南西沖地震は日本海における津波被害の警告という点で、それぞれ貴重な教訓を残した地震といえます。

新潟地域の活断層*

一九九五（平成七）年の阪神・淡路大震災以降、地震と活断層の関連が広く注目されるようになりました。新潟にも多くの活断層が存在します。そのうちの大きなものを図2-4に表しました。

糸魚川―静岡構造線、新発田《しばた》―小出構造線、越後平野西縁の断層帯、信濃川沿いの断層帯など大きな地形の境界部に主要な活断層が分布します。

私たちは、図2–4のほかにもまだ見つけられていない活断層が多く存在するものとみています。特に越後平野の地下の活断層については、それらが埋もれているためほとんど分かっていません。存在は分かっても、次の活動を予測するための過去の活動の経過が詳しく明らかにされたものは、ごくわずかと言わざるを得ません。

これは新潟での調査が遅れているということではありません。それほど難しい問題なのです。それだからこそ、一歩ずつでも着実にこれらの問題を解き明かしていく必要があります。

その一端として私たちは、一九九六（平成八）年から「信濃川ネオテクトニクス団体研究グループ（略称・信濃川団研）」というグループをつくって、信濃川で調査を進めてきました。

三、信濃川の隆起と活断層—河成段丘に学ぶ—

小千谷市から津南町にかけての信濃川流域は、現在も地殻変動が活発な地域で古くから日本列島有数の活構造地帯として、多くの調査・研究が積み重ねられてきました。いわば「日本の活構造運動研究のメッカ」のような地域といってよいでしょう。言葉を代えれば、それだけ変動量が大きい地域であることを意味します。活構造運動*とは、現在の地形をつくる地殻変動で、信濃川地域では活断層による隆起運動が主体です。

私たちは、この地域で信濃川によってつくられた河成段丘を利用して、この地域の活構造・隆起運

写真２－１　津南の河成段丘（マウントパーク津南から；写真／渡辺秀男氏）

動の経過の復元を試みています。新潟の現在の地形をつくる隆起運動の一端を、信濃川の河成段丘を通して見てみましょう。

河成段丘

信濃川流域は河成段丘（河岸段丘ともいう）の発達が見事なことでも知られています。写真2−1は津南町の河成段丘です。この河成段丘は信濃川の支流の中津川によってつくられたもので、マウントパーク津南の展望台からよく観察できます。小千谷市の山本山展望台の上からも信濃川の見事な河成段丘を見ることができます。信濃川流域の河成段丘面は旧石器時代から縄文時代を通して人の生活の場として利用され続け、多くの遺跡が見つかっています。ここに住む人々の重要な生活の場であることは、現在もまったく変わりありません。

河成段丘は、写真2−1からも容易に読み取ることができるように、河川に沿った階段状の地形です。「階段」の平らな面を段丘面（または単に面）、崖の部分を段丘崖と呼びます。信濃川沿いの段丘面は、昔の信濃川の河床・河原で、これが隆起することによって信濃川の下方浸食が進み、今の河原より高くなったものです。このような隆起運動が幾度も繰り返され、階段状の地形ができました。従って、高い段丘ほど古い時代にできたものです。階段状になるのは隆起運動が断続的に起こったことを意味します。私たちは信濃川の河成段丘はこの地域の活構造運動の経過を詳しく記録した「変動の化石」ととらえて調査を始めました。

もちろん信濃川流域では、これまでに河成段丘についての多くの報告があります。また最近では渡辺秀男さんが火山灰を利用した詳しい調査を進めています。これらの報告を参考にしながら、小千谷市〜津南町にわたって、現在につながる若い時代の変動に焦点を絞り、約五万年前〜現在の河成段丘（信濃川では数十万年前からの河成段丘が区分されている）までを調査の対象として、これまでよりも一段精度を高くした、全面的な見直しを行いました。

火山灰から時代と変動量を計る

段丘がつくられた時代を調べるには、火山灰が有効であることが広く知られています。日本列島は火山列島でもあり、各地の火山の大噴火で噴出した火山灰は列島の広い範囲にわたって分布するものがあります。

信濃川流域では、次の火山灰が利用できました（図２−５）。古い方から約五万年前の山陰の大山火山噴出の火山灰（大山倉吉《だいせんくらよし》：ＤＫＰ＝略号＝以下同）、約二・五万年前に鹿児島湾のカルデラから噴出した火山灰（姶良《あいら》丹沢：ＡＴ）、約一・三万年前に浅間火山噴出の火山灰（浅間草津：Ａｓ—Ｋ）、約五〇〇〇年前の浅間火山噴出の火山灰（浅間馬高《うまたか》：Ａｓ—Ｕｔ）です。これらの火山灰はその中に含まれる鉱物や火山ガラスの化学組成によって識別できます。鹿児島や山陰から飛んできた火山灰が

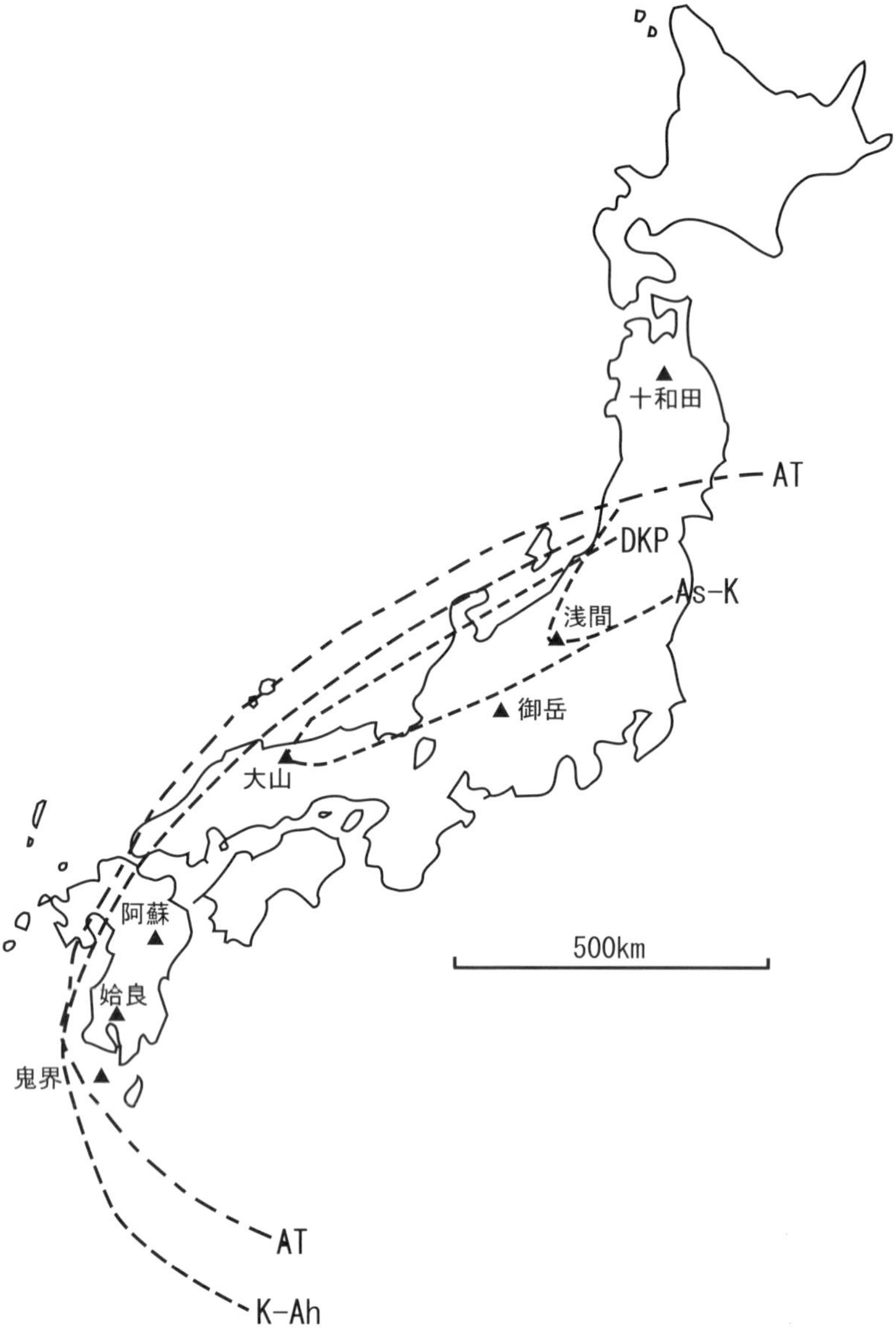

図２－５　信濃川での時代の目盛りとなる火山灰

信濃川で時代を示す目盛りとして使用できるのです。

では、これらの火山灰がどのようにして段丘ができた時代を教えてくれるのでしょう。段丘面の下には、信濃川の河床だった時に堆積した河原の砂利（礫）や砂、シルト（泥・砂よりも細かく、粘土よりも粗いもの）などの水で運ばれた堆積物（水成層）と、段丘になってから（川がより深く浸食した。この意味から離水ともいう）風で運ばれた堆積物（風成層）に大きく二分できます。風で運ばれた堆積物は、火山灰、ちり、大陸からのレス（黄砂）などが降り積もったもので、一般にロームと呼ばれる赤土とその上の黒土からできています。およそ一万年前以後の若い段丘では、風成層は黒土だけから構成されます。

この風成ロームあるいは黒土が、いつから堆積し始めたかを知る目盛りとして、先に紹介した火山灰が有効に利用できます。つまり、風成層の一番下、または水成層と風成層の境界部に、大山倉吉火山灰が見つかればその段丘は約五万年前ごろ、始良Tｎ火山灰が見つかればその段丘は約二・五万年前ごろにできた（離水した）とみることができます。

また、ある段丘面とその地点での現在の信濃川河床の高度差（比高）は、その地点で段丘ができてから現在までの浸食量で、これは隆起量とみることが可能です。

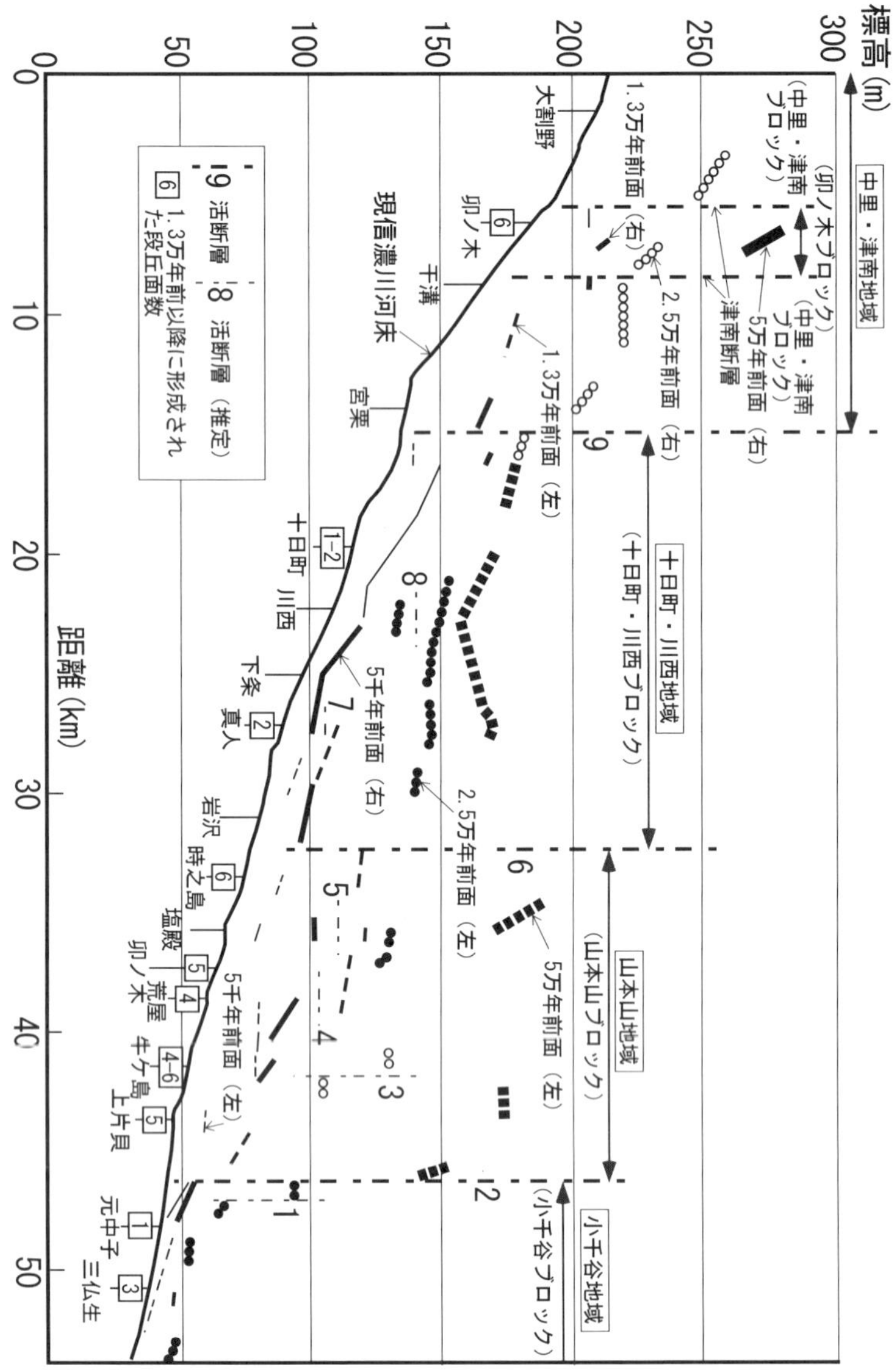

図２－６　信濃川の河成段丘面（５万・2.5万・1.3万・５千年前面）の分布高度と活断層

河成段丘に記録された信濃川の変動の歴史

以上の結果を表したものが図2-6です。この図は、信濃川流域で数十万年前からつくられてきた河成段丘の中で、現在につながる若い時代に焦点を当て、大山倉吉火山灰が降り積もってからの過去約五万年間の段丘を対象にしています。

ここでは分かりやすいように、火山灰によってできた時代が分かる段丘面だけを抜き出してあります。それらを仮に五万年（前）面、二・五万年（前）面、一・三万年（前）面、五〇〇〇年（前）面と呼ぶことにします。これらの形成時代が明らかになった段丘面の間に幾段かの段丘面が存在します。また図2-6で信濃川河床部に四角で囲った数字は、一・三万年（前）面より低い（若い）段丘面の数を示しています。

この図では、信濃川の上流から下流にかけて、ほぼ同時代にできた段丘面の高度が不連続で、特にその度合いが強い幾つかの地点があります。また信濃川を挟んで左右両岸で高度が異なる部分が多いことも読み取ることができます。

もともと段丘面は信濃川の河床ですから、ほぼ連続したものが段丘化した後に大きな不連続ができたもので、急激な不連続部には活断層が存在することを意味します。また、山本山地区と中里・津南地区は、段丘面の比高からこの流域で特に隆起量が大きい地区であることを読み取ることができます。

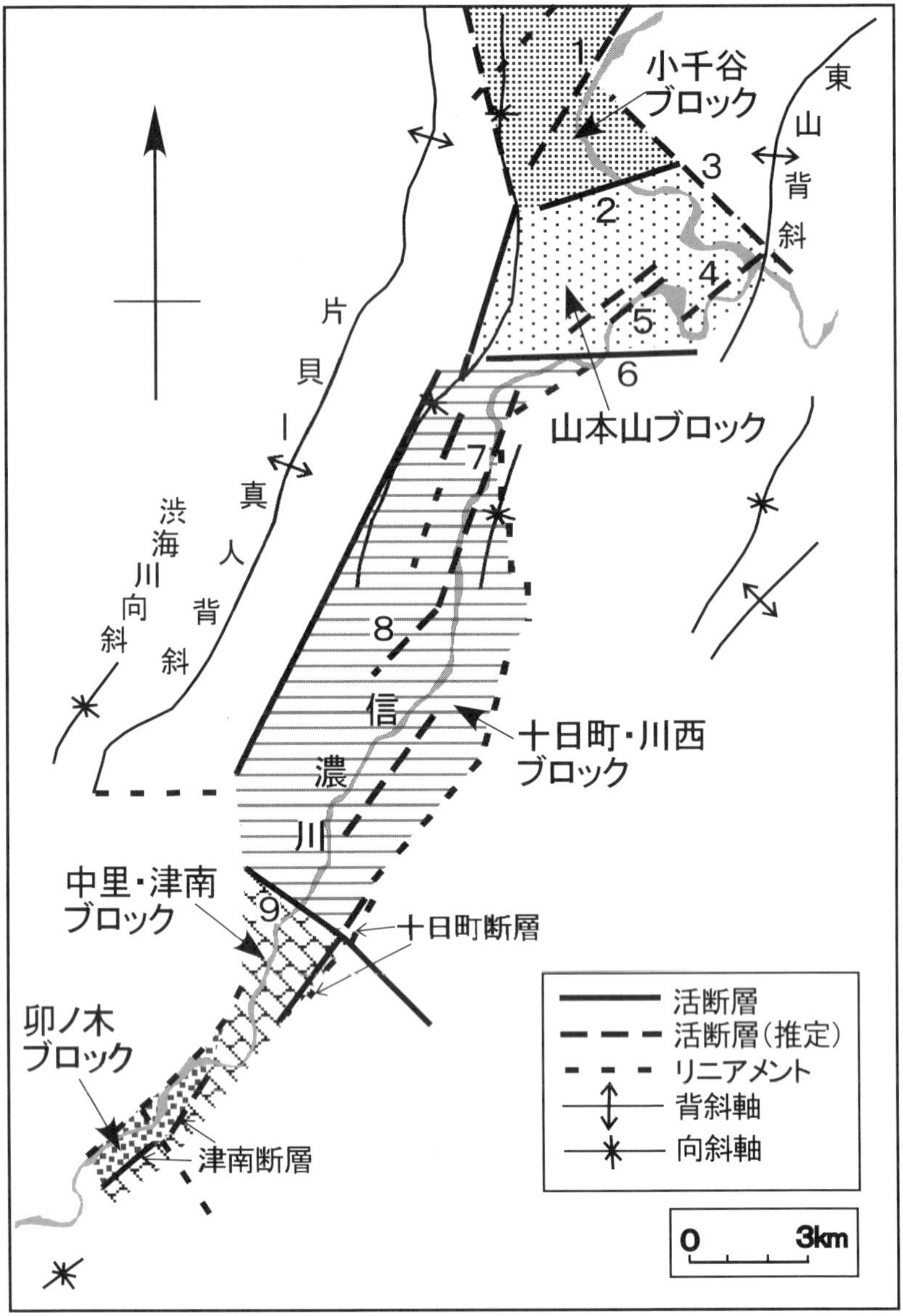

図２－７　信濃川のブロック（地塊）構造

ブロック（地塊）構造

これらの結果を平面的に表したものが図2−7です。この図で信濃川流域では信濃川の方向とこれに直交・斜交する活断層が見られます。これは地質構造がブロック形態を示すものです。ブロック（地塊）構造とは、大きさと形が異なるレンガを組み合わせた構造と理解してもらえばいいでしょう。大きなブロックの中にさらに小さなブロックも見られます。従って、ブロック構造は多重構造（階層構造）を持つものと考えられます。ブロックとブロックの境界が活断層です。

このように、信濃川の河成段丘を利用して、これまで知られていなかった多くの活断層の存在が明らかになりました。また変動の経過を検討する手がかりを得ることもできました。河成段丘は、まさに「変動の化石」だったのです。

信濃川の蛇行と山本山の隆起

山本山の東側で信濃川は著しく蛇行し、川口町で魚野川と合流します（写真2−2）。五万年前ごろの信濃川は、段丘面の分布から山本山にごく近接して流れ、現在の小千谷市街地の南部で魚野川と合流したことが復元されます。現在の蛇行は二・五万年前ごろから始まり、これは山本山ブロック（図2−6、2−7）の活発な隆起によるものとみられます。

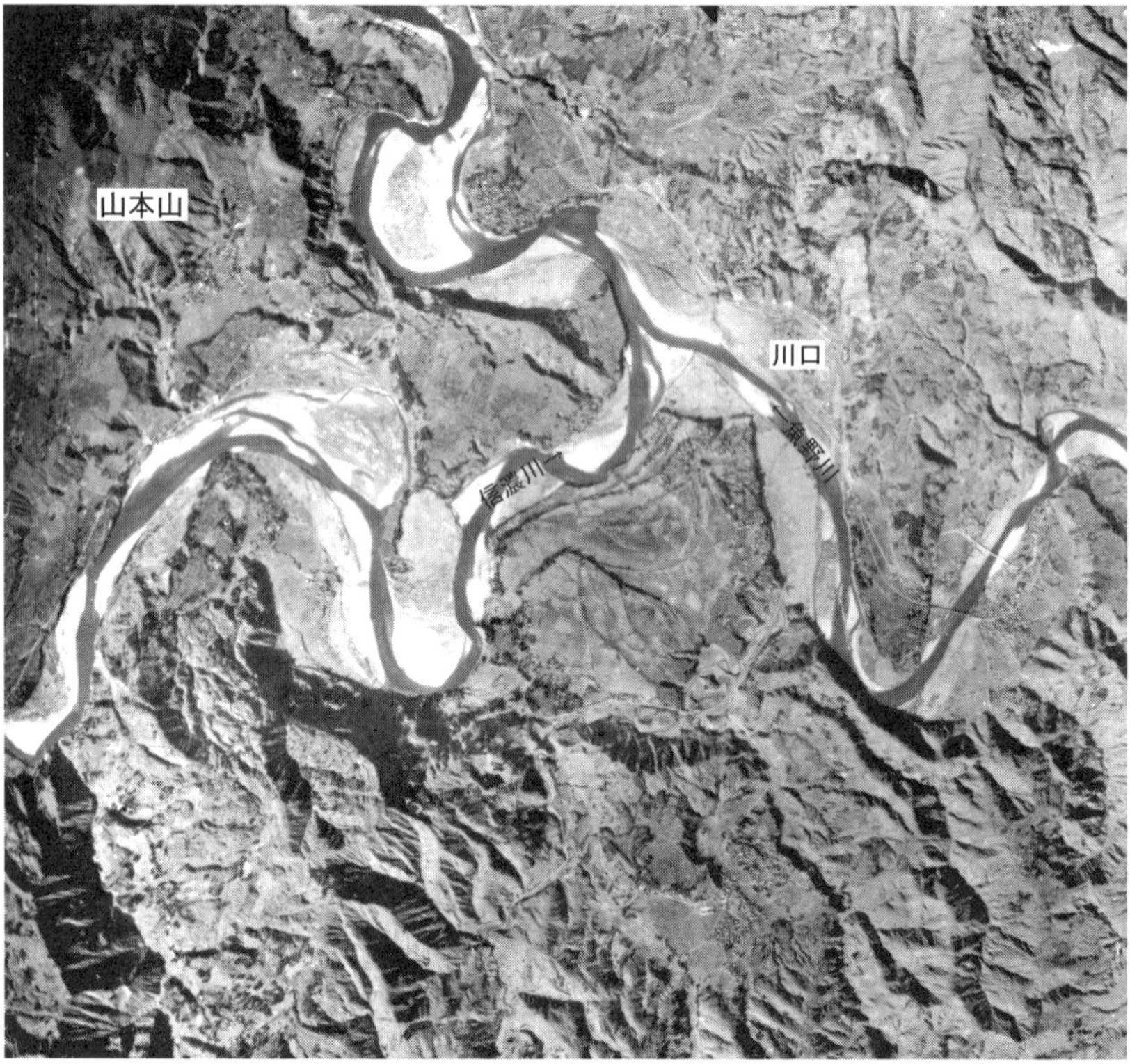

写真２－２　山本山と信濃川の蛇行
（1947年11月27日米軍撮影，348VV　31PRS　M627　314EW）

山本山ブロックでは、段丘一・三万年（前）面の信濃川現河床からの比高は約五〇mで、これは過去一・三万年間にここで五〇m隆起したことを意味します。この値は隆起速度からみても第一級の活動度とみることができます。この意味をごく機械的に見てみましょう。

一般に日本列島では、M七クラスの地震による垂直変位量は一～二mとみられています。山本山では、このクラスの地震での変位量が二mと仮定すると、五〇m／二m＝二五回、一・三万年間／二五回＝五二〇年。つまり、平均して五二〇年間に一回M七クラスの直下型地震の発生を繰り返してきた、という計算になります。もちろん地震の発生に周期性はみられていませんし、この計算にはM七クラスで二mの変位という基本点での仮定があります。もっと小さな地震も起こった可能性や、また同クラスの地震でも、より大きく変位した可能性もあります。

しかし、図2-6をこのような見方でみると、あらためて信濃川流域の変動の大きさが理解してもらえるのではないでしょうか。図2-6では、山本山地域では一・三万年（前）面より低い段丘面が四～六段見られ、この数は上流の十日町・川西地域、下流の小千谷地域より大きいものです。「変動の化石」としての段丘が数多く発達することも活発なブロック隆起を裏づけるデータです。

現在も続く山本山の隆起

図2-8は一八九四（明治二七）年～一九二七（昭和二）年の山本山の水準点測量から飯川健勝さん

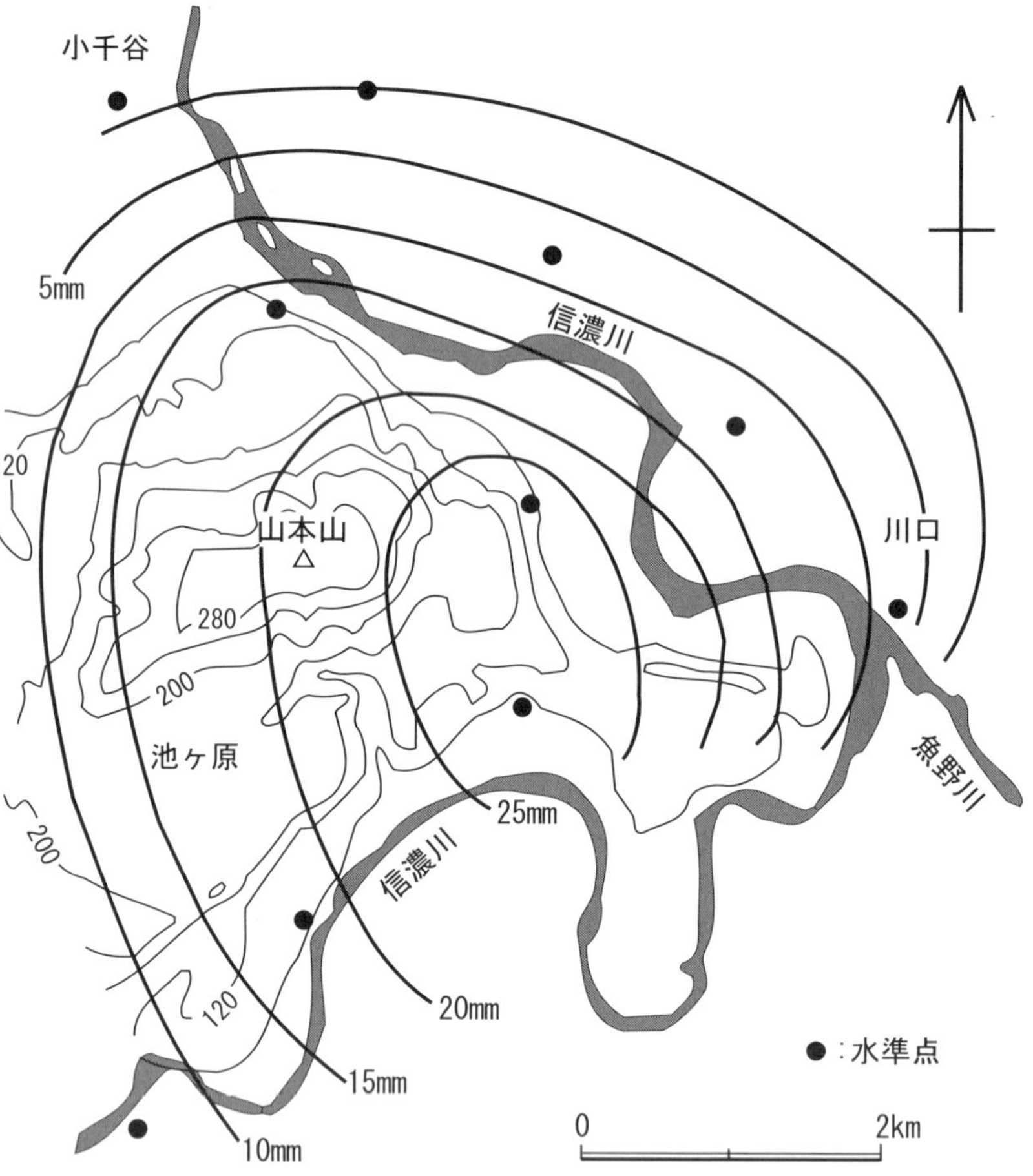

図２－８　山本山のドーム状の隆起：1894～1927（飯川・鈴木，1976）

と鈴木尉之さんがドーム状の隆起を復元したものです。この期間に二五㎜の隆起を示す等高線で表されたドームの中心は山本山の東側に位置しますが、現在も隆起が継続していることを示しています。また、山本山の周辺ではしばしば直下地震が発生しています。たとえば一九九八（平成一〇）年二月二一日にM五・〇の地震、一九九三（平成五）年の小千谷の地震（M六・一）などがあります。

中越地震では山本山北側の小千谷市上片貝で七一・五㎝、川口町相川で七一・三㎝の隆起が国土地理院から報告されています。

河成段丘に学ぶ

以上見てきたように、隆起が大きく浸食が活発な地域では、河成段丘から活構造運動に関する多面的で貴重なデータを得ることができます。信濃川で用いた手法は、河川上流部や高山地域をはじめ、土砂供給が多いところの河成段丘には適用できません。つまり、この手法は浸食段丘分布域で用いることができ、堆積段丘の分布域では用いることはできません。浸食段丘と堆積段丘の違いを簡単にいうと、浸食作用で段丘面ができたか、堆積作用で段丘面ができたかということです。

私たちは、浸食段丘が発達する地域でも、これまで河成段丘から得られるデータを有効に生かして活構造運動の経過を詳しく復元した事例をあまり知りません。活構造運動の解析について、河成段丘の有効性が見過ごされてきた基本的な原因は、どこにでもあるごくありふれた地形・地質のため、教科書的な知識ですべて理解したつもりになって、あらためて詳しく検討される機会がなかったことによるものと考えられます。

四、越後平野の沈降—古代からのメッセージを探る—

湖底に沈んだ縄文遺跡—青田遺跡

「旧紫雲寺潟の底から縄文時代の遺跡が出た」と財団法人新潟県埋蔵文化財調査事業団（以下、新潟県埋文事業団と略）の寺崎裕助さんから連絡が入り、私たちが現場を訪ねたのは一九九九（平成一一）年の三月でした。遺跡の場所は旧紫雲寺潟《しうんじ》（塩津潟ともいう）のほぼ中心部（図2-9・加治川村＝現新発田市金塚字青田）で、現在の地表面から約二m下にある黒っぽい泥層が土器を含む地層で、当時の生活面とのことでした。ここから出土した土器と太さ二〇〜三〇㎝の木柱も多数並べられていました。土器は縄文時代晩期末・約二五〇〇年ほど前のもので、木柱は住居の柱ということでした。

旧紫雲寺潟は、江戸時代の一七三三（享保一八）年に紫雲寺潟と日本海を隔てる砂丘を切り割った落堀川放水路の開削によって排水干拓された湖です。干拓前の紫雲寺潟は、湖面の標高が六m。水深三mで面積約二〇〇〇haといわれています。

約二五〇〇年前ごろに、湖の中心部で縄文人が住居を建てて生活したということは、当時はここが陸であったこと、紫雲寺潟はその後にできたことを意味します。

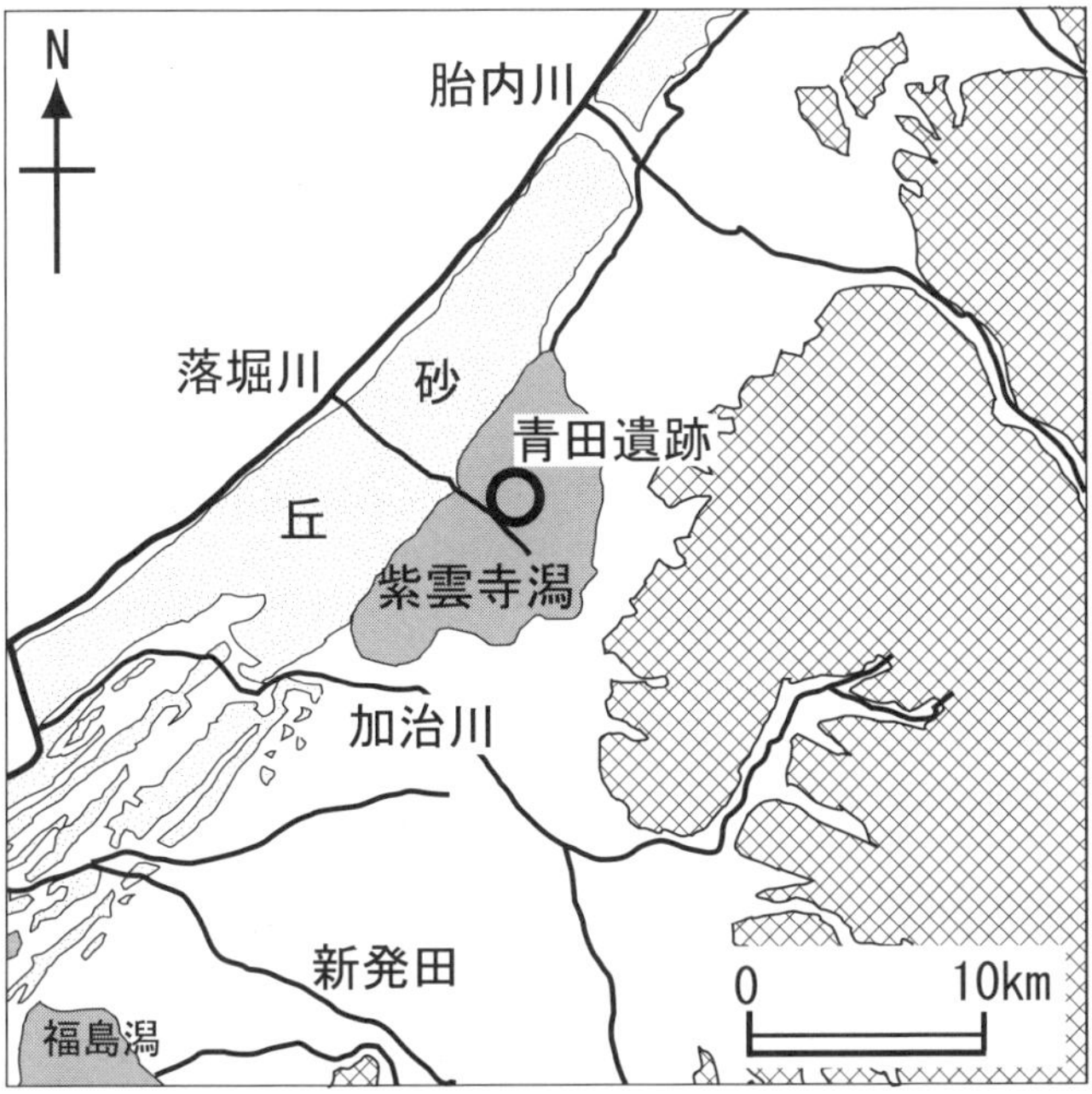

図２－９　紫雲寺潟と青田遺跡

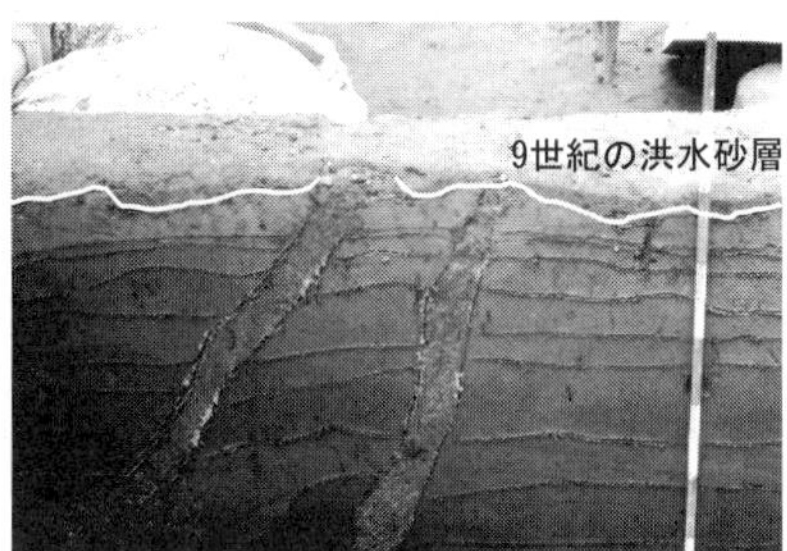

写真２－３　青田遺跡，９世紀の洪水砂層と液状化噴砂脈

これまで、地質学・考古学の分野では紫雲寺潟・福島潟・鎧潟をはじめ越後平野に存在した多くの潟は、かつて広大な潟・湖であった越後平野が次第に埋め立てられた過程で、最後まで残った部分と考えられてきました。青田遺跡の発見は、これまでのこのような見方に対して、根本的な見直しが必要であることを意味するものでした。

なお、潟とは本来海水が出入りする佐渡の加茂湖のような湖を指します。しかし、越後平野で呼びなれた多くの潟は淡水（真水）です。ここでは地域の生活に溶け込んだ言葉を重視し、潟とも湖とも呼びます。

九世紀の地震による沈降

青田遺跡は、その後二〇〇一（平成一三）年までの三年間新潟県埋文事業団によって発掘調査が行われ、私たちも遺跡の立地環境を明らかにする目的で地質調査を分担しました。二五〇〇年前ごろに陸であった青田遺跡が、いつ、なぜ、紫雲寺潟の湖底に沈んだのか、という謎を解く鍵は青田遺跡と周辺の地層に記録されています。

結論を先に述べると、青田遺跡の水没（紫雲寺潟の誕生）は、九世紀ごろの地震を伴う地殻変動が原因と考えられます。

青田遺跡の遺物包含層・生活面とその上位の紫雲寺潟の堆積物の間には、薄い洪水の砂層が挟まれます。この洪水砂層とともに九世紀の木製品が流されてきたことが発掘調査で分かりました。青田遺跡はこの直後に水没しています。

一方、青田遺跡では遺跡の成立期から少なくとも計八時期の地震に伴う液状化が確認できました。このうち六回目の液状化による噴砂脈は九世紀の「洪水砂層」に切られていて（写真2－3）、洪水の直前に地震が発生したとみることができます。

青田遺跡に残されたこれらの記録から、紫雲寺潟は九世紀の地震に伴う沈降によって誕生したと判断できます。

ところで、紫雲寺潟が川のせき止めや洪水でできたのではないか？という疑問もあるでしょう。しかし、面積二〇〇〇ha、水深三mの紫雲寺潟は九世紀から一七三三（享保一八）年に人工排水されるまで一〇〇〇年近くにわたって存在しました。このような長期にわたる河川のせき止めは、山間地での巨大崩壊—例えば一八八八（明治二一）年に磐梯山の山体崩壊による桧原湖の出現—では起りえますが、紫雲寺潟の誕生は平野部での出来事です。また、平野部での洪水による一時的な冠水—例えば一八九六（明治二九）年の信濃川の大洪水・横田切れで西蒲原全域が約九〇日間にわたって水没—はありますが、一〇〇〇年近く（人工排水がなければ現在も存続）も冠水が続くことはありえないでしょう。つまり、紫雲寺潟誕生の原因を河川作用に求めることは困難です。

紫雲寺潟誕生の謎は解けました。では、越後平野にかつて存在した多くの潟湖（図4－3＝一七四ページ参照）はどうなのでしょうか。

鎧潟

西蒲原の鎧潟は（巻町一帯＝現新潟市＝）一九六三（昭和三八）年に排水干拓されました。この時、旧鎧潟北部での用水路工事に際して、大島橋と苗引橋の橋脚基礎の掘削部から奈良平安時代の遺物が出土したということです。この時に現地で立ち合った巻町文化財委員の山口栄一さんによれば、大島橋遺跡では地下約三・五ｍから七世紀後半〜八世紀後半とみられる須恵器《すえき》と土師器《はじき》、苗引橋遺跡では須恵器・土師器とともに舟が出土したということです。

鎧潟でも奈良平安時代の遺跡が湖底に水没していました。今後の調査課題の一つです。

東囲遺跡と亀田郷

東囲《ひがしかこい》遺跡（新潟市茗荷谷）は、亀田砂丘（新砂丘一）の北西に位置する古墳時代前期（四世紀）の遺跡で、竪穴住居跡も確認されています。この発掘は一九九九〜二〇〇〇（平成一一〜一二）年に新潟市教育委員会によって実施されました。ここでは、遺物包含層である黒色の砂層・シルト層の上位に、水域で堆積した白色シルト層と流木を含む泥炭層（層厚計四〇〜五〇㎝ほど）が重なります。

ここでも古墳時代の四世紀ごろに竪穴住居を造って人が生活した後に沈水したことが地層の記録に

写真２－４　昔の亀田郷　深田の稲刈り。水の中へカマをさして稲を刈り、刈られた稲を集めて小舟（きっそう）で押す。湛水田での辛い作業であった。
（写真／佐々木健祐氏）

残されていました。沈水後の堆積物については、新潟市が実施したボーリング調査と私たちが予察的に行った簡易ボーリング調査によれば、遺跡の北西、南東側で急に厚く（水深が深く）二m以上になることが確認できました。

この地域は「葦沼」と呼ばれた亀田郷（写真2-4）の南部にあたります。東囲遺跡は、亀田郷の葦沼の出現、あるいは拡大が古墳時代以後であることを教えてくれます。

田潟と大潟の出現

新潟市の田潟と大潟は、内野の新川放水路の排水機能の拡大によって一九五〇（昭和二五）年に排水干拓が行われました。

榧根勇さんは、越後平野の古絵図の変遷を検討し、この二つの湖が江戸時代に出現したと報告しました（図2-10）。すなわち榧根勇さんは、一六四七（正保四）年と一七〇〇（元禄一三）年の絵図には田潟・大潟が描かれておらず、一八一八（文政元）年からこの湖が描かれ始めたことに注目しました。一七〇〇年から一八一八年の間には、一七五一（宝暦元）年の高田地震と一七六二（宝暦一二）年に新潟を襲った大きな地震があり、局所的な沈降で、田潟と大潟の二つの潟が出現したと考えました。

私たちは榧根さんが検討した絵図について、新潟市歴史博物館の南憲一さんから、一七〇〇（元禄

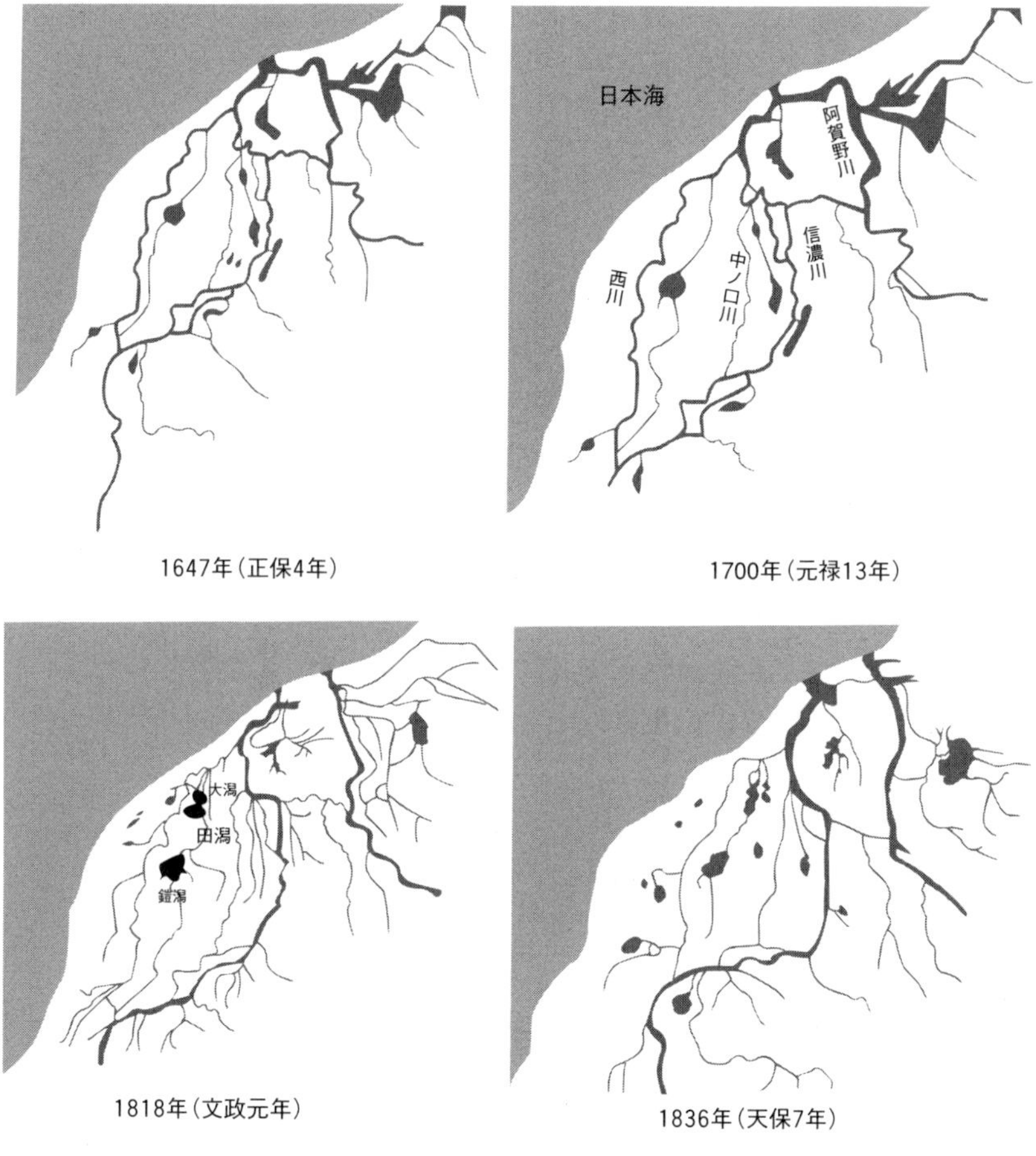

図２−10　古絵図からみた田潟・大潟の誕生（榧根，1985）

一三）年の絵図は一六四七（正保四）年の絵図を模写したものであることを教わり、この二つの潟の出現の時期は一六四七年から一八一八年の間と訂正する必要があることを知りました。しかし、越後平野で江戸時代に地震によって新しく潟が誕生した可能性を指摘した榧根さんの報告は貴重です。地震による潟の出現が正しければ、それは直下地震の可能性が高く、越後平野で問題にされている「地震の空白域」の問題にも、貴重なデータを提供するものです。

約五〇〇〇年前の縄文遺跡が地下一九ｍに埋没—味方村排水機場遺跡—

越後平野のほぼ中央部に位置する味方村（現新潟市）中之口川左岸の排水機場では、一九六四—一九六五（昭和三九—四〇）年の建設工事の時に、地下一九ｍ付近から縄文土器が出土したことが知られていました。私たちは一九九八（平成一〇）年に新潟県埋文事業団の寺崎裕助さんとともに、これが遺跡として認められるものであるかどうか、を検討するための地質調査を行う機会を得ました（図2-11）。

建設工事の時に土器を発見した笹川清次さんが保管していた土器の鑑定と、ボーリングによる地質調査で次の点が明らかになりました。

（一）この土器は縄文時代中期末〜後期初のものである。
（二）ボーリングでは、地下一九ｍの深度に昔の地表を示す黒土（古土壌）が確認でき、この深度は

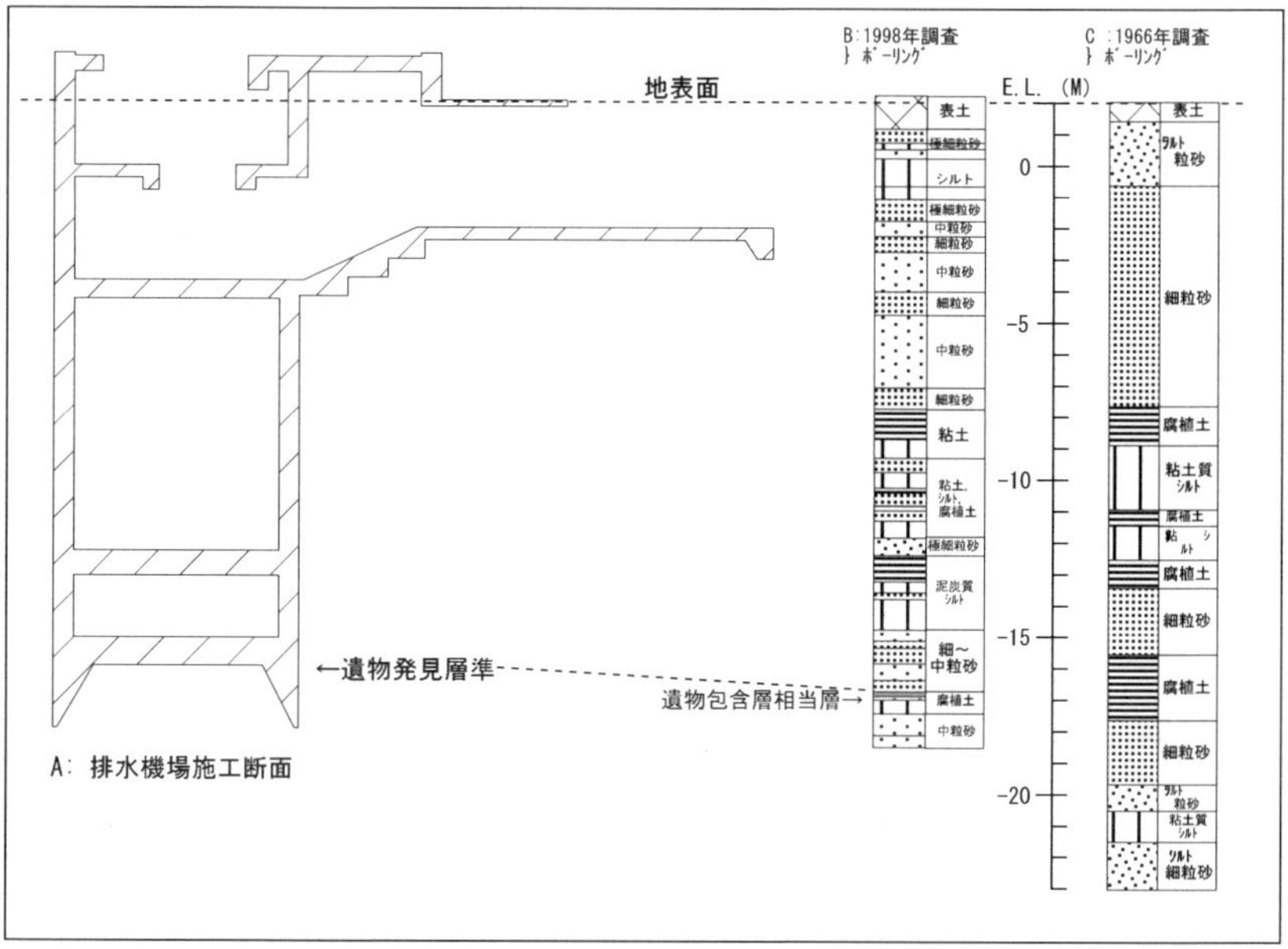

図２－11　排水機場施工時の遺物発見層準とボーリング柱状図（1966年，1998年）の対比

Ａ：排水機場施工断面。遺物は施工時の掘削基底部付近で発見された（笹川清次氏談）。

Ｂ：1998年７月調査時のボーリング柱状図。

Ｃ：1966年排水機場施工のための調査ボーリング柱状図。

笹川氏の記憶による土器発見の深度とほぼ一致した。
（三）これは土器が磨耗していない（土器が他所から流れてきたものでない）点と合わせて、縄文時代にこの深度に遺跡が存在したことを示す有力なデータである。
（四）古土壌層の直下から約五〇〇〇年前に福島県只見町の沼沢火山の噴火による火山灰層が見つかり、古土壌の形成はこれより若いこと、土器の編年年代と矛盾しないことが明らかになった。
これらの事実から、越後平野中央部のこの地点で約五〇〇〇年前の地表（地面）が、その後に二〇m近く沈降し、そこは中之口川によって運ばれた砂、泥、流木などで埋め立てられたことが分かりました。越後平野で、五〇〇〇年間に二〇m近くも沈降している場所がある、ということは大きな驚きでした。

信濃川・阿賀野川河口域—渟足柵を探る—

味方村（現新潟市）での調査の後、二〇〇一（平成一三）年に信濃川・阿賀野川河口部の山の下橋やJR臨港貨物線などの地点でボーリング調査を行い、地下一五～二〇mの深さに阿賀野川によって運ばれた堆積物に挟まれた約五〇〇〇年前の沼沢火山灰が見つかりました。火山灰の上に重なる堆積物には黒土（古土壌）、泥炭層などが幾枚も見られ、地表または（海）水面に近い位置で堆積したことが分かり、この地域も味方村と同じく五〇〇〇年前以後に一五～二〇m沈降したことが分かりまし

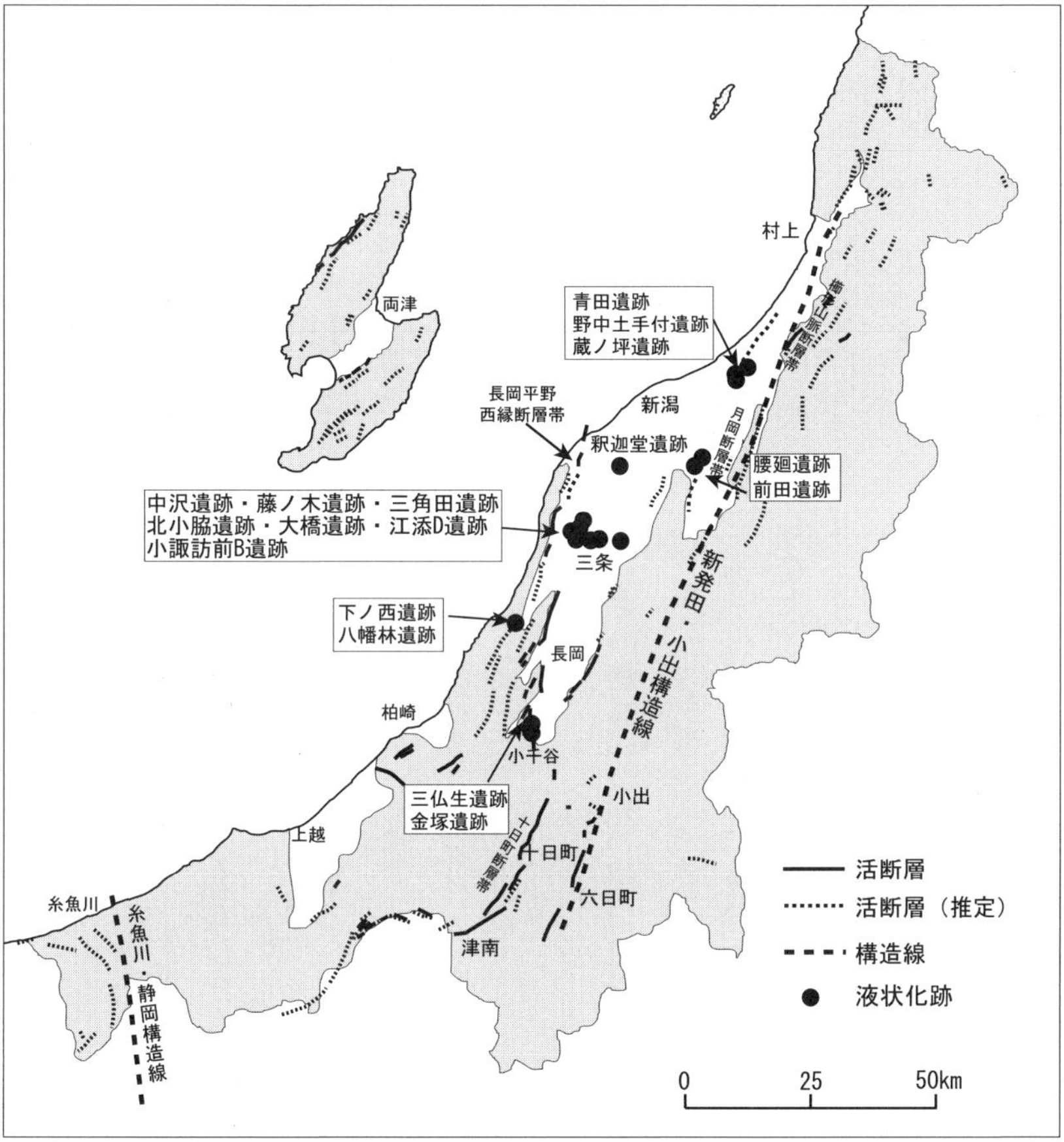

図２－12　９世紀液状化遺跡分布図

た。

この調査は、新潟大学人文学部の小林昌二さんを代表者として、二〇〇〇～二〇〇四（平成一二～一六）年に実施された研究（学術振興会科学研究補助金基盤研究A「前近代の潟湖河川交通と遺跡立地の地域史的研究」）の一部として行われたものです。この調査では、未発見の「渟足柵《ぬたりのさく》」をボーリングとジオスライサー（地層抜き取り）調査によって探るという目的もありました。

まだ、「渟足柵」の発見には至っていませんが、沈降によって当時の遺跡が地下に埋没している可能性が高いことが分かり、今後に「大きな夢」があります。

越後平野大地変動の時代

近年、越後平野の沖積地での遺跡発掘の進展につれ、広い範囲で九世紀前後の古地震による液状化が見つかってきました。図2-12に、私たちが確認できたものを示しました。越後平野北部の中条地域から南部の小千谷地域、東部の三条・加茂地域から、西部の和島地域まで平野のほぼ全域にわたって、多くの遺跡の地層にこのころの液状化の記録が残されています。写真2-5（a、b、c）は、その一部を示したものです。

この時代の液状化は平野部の広い範囲に分布することに加えて、液状化による噴砂の規模が大きなことも特徴です。噴砂は地面を破壊して地表に噴き出すので、その破壊の程度が大きいということです。特に、三条市藤ノ木遺跡、吉田町（現燕市）北小脇《きたしょうわき》遺跡では、「この下に断層があるのでは？」と思うほどです。

また、液状化の時期も一回でなく、複数回あることも分かってきました。越後で文字史料として残された最も古い地震は、八六三（貞観五）年の越中・越後の地震（M不明）で、理科年表に「山崩れ、谷埋まり、水湧き、民家破壊し、圧死多数。直江津付近にあった数個の小島が壊滅したという」と記述されています。山崩れとそれによる谷のせき止め、液状化などが多発したようです。

越後平野の九世紀前後の液状化で、複数回の液状化が観察できるものとして、黒埼町（現新潟市）の釈迦堂遺跡では、貞観五年とその後の約二五年以内ほどの二回、吉田町（現燕市）の小諏訪前B遺跡では貞観五年とその前八世紀代の二回の液状化が区別できました。つまり、九世紀前後に少なくとも三回の液状化が識別できました。

新潟市歴史博物館の南憲一さんがまとめた「新潟市域災害年表」によれば、九世紀ごろには大きな地震が相次いだことが記述されています。

文字史料と遺跡の地層の記録から、九世紀前後の越後平野は「大地変動の時代」であった可能性が高くなってきました。先に述べた紫雲寺潟の誕生もこの変動の一環と位置付けることができます。また鎧潟の誕生（あるいは拡大）もこの一部の可能性があります。

地質学的には九世紀ごろの地質現象は、すでに述べたように、つい「昨日・一昨日」の出来事で、

写真２－５　越後平野９世紀前後の液状化　ａ：三条市藤ノ木遺跡

写真２－５　越後平野９世紀前後の液状化　ｂ：小千谷市三仏生遺跡

写真２－５　越後平野９世紀前後の液状化　ｃ：吉田町北小脇遺跡

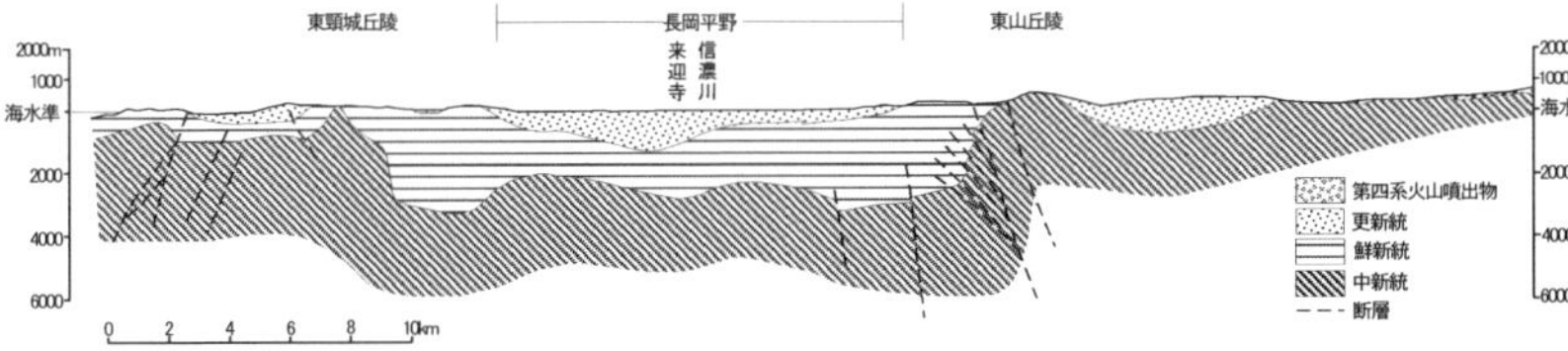

図２－13　中越地域の地質断面図

これからも同じような現象が繰り返すと考えざるを得ないのです。

五、中越地域の地質構造と直下地震

東山背斜構造

中越地域の地質構造を理解してもらうために図2−13を示しました。地質断面図は、地質構造を容易に理解することができるものです。この図は、この地域の石油探査のためのボーリング調査をもとにまとめられたもので、長岡市の南側をほぼ東西方向に切った断面です（その位置は図2−14を参照）。中越地震の本震の震源域はこの断面図の南側になります。

この図で、東山丘陵の西側で大きく地質構造が変わることがよく分かります。地層を切っているものが断層です。東山丘陵の西側では数多くの断層によって、地層が急激に落ち込む様子が見られます。落ち込んだ部分から西は長岡平野です。東山丘陵には、平野部では地下三〇〇〇〜五〇〇〇ｍにある地層が地表に出ています。

ところで地質断面図で、地層が馬の背のように盛り上がっている構造を「背斜」、逆にへこんでいる構造を「向斜」、あわせて「褶曲（構造）」、褶曲の中心部を「褶曲軸」と呼びます。

東山の中心部は、まさにこの地域で第一級の背斜構造です。「東山背斜」は、四〇万〜五〇万年前ごろから成長が活発になり、その活動は現在も続いています。この背斜の西側では平野部との変動量が大きいために、断層で切られてしまっています。中越地震の発生がこの山地形成・隆起運動の一環とみられることは、第一章でのべました。

褶曲地域・地震分布・地質構造

中越地域は日本列島有数の褶曲地帯といわれます。図2–14には、中越地域の褶曲構造も示していますが（図1–1も参照）。実に多くの褶曲（背斜と向斜）が存在することが分かります。長い褶曲軸とともに、短い褶曲軸が発達する場所があること、また、褶曲軸が曲がったり、不連続にずれたりする場所を読み取ることもできます。これらの褶曲の方向は新潟の大地形（山地・丘陵・平野）配列・信濃川の流下方向と一致する北西—南東〜北北西—南南東方向で、地質学の分野では「新潟方向」とも呼ばれています。

図2–14には、中越地域で一九八三（昭和五八）年〜二〇〇四（平成一六）年の中越地震前までに、この地域で発生した地震の震央（震源を真上の地表に投影）も記入してあります。信濃川の西側、東頸城丘陵には、かなり広い範囲でこの期間に地震が集中的に発生した幾つかの場所が見られます。中越地震の震源域ではこの期間に特に地震が多い傾向は見られません。なおこの期間には、下越・上越では、地震の発生は中越に比べてはるかに少ないことが分かっています。

ここで、中越地域における震央の連続に注目してみましょう。褶曲軸に沿って、またこれと並行す

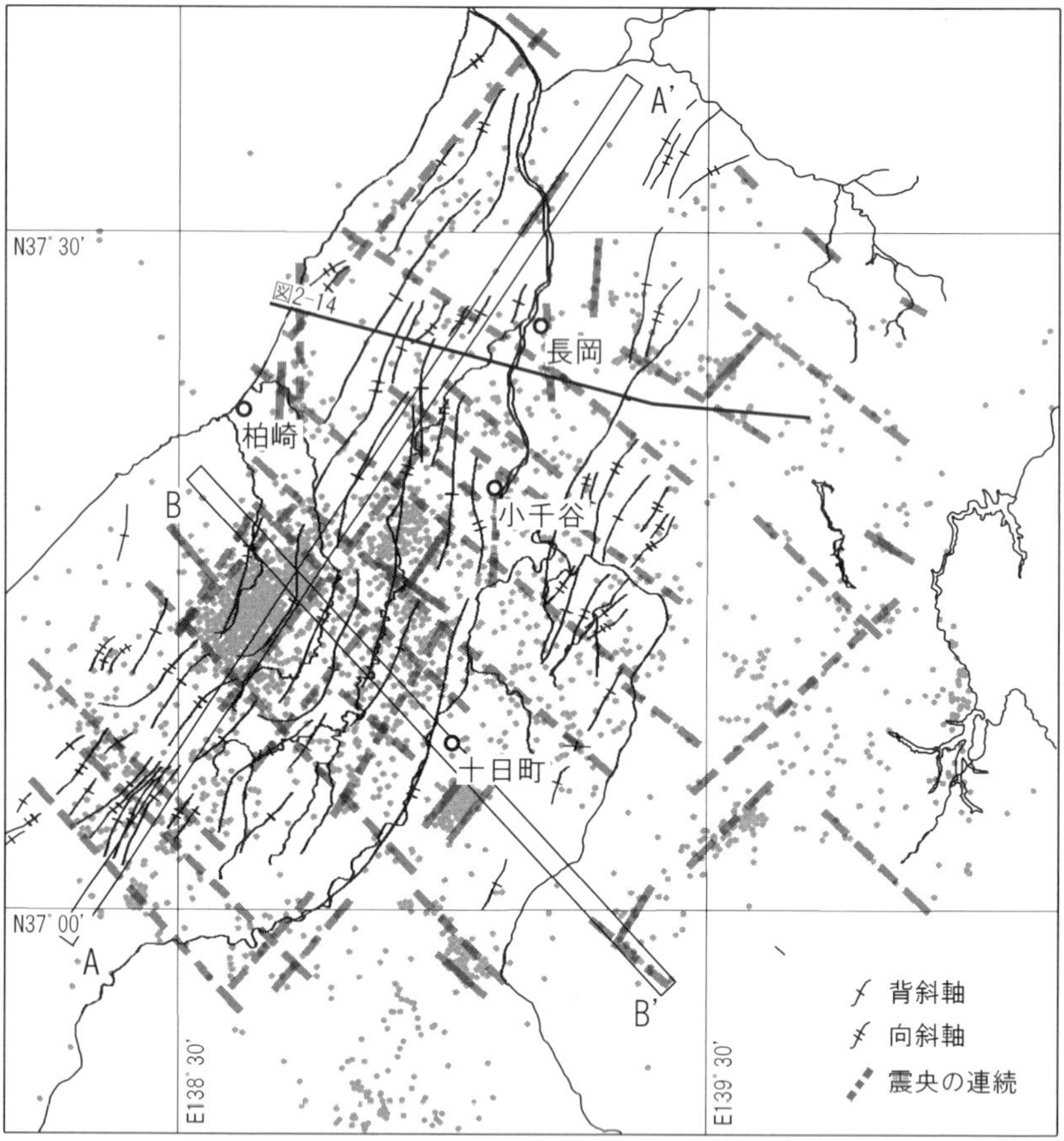

図２－14　広域地震分布図
Ａ－Ａ'，Ｂ－Ｂ' は図２－15断面位置

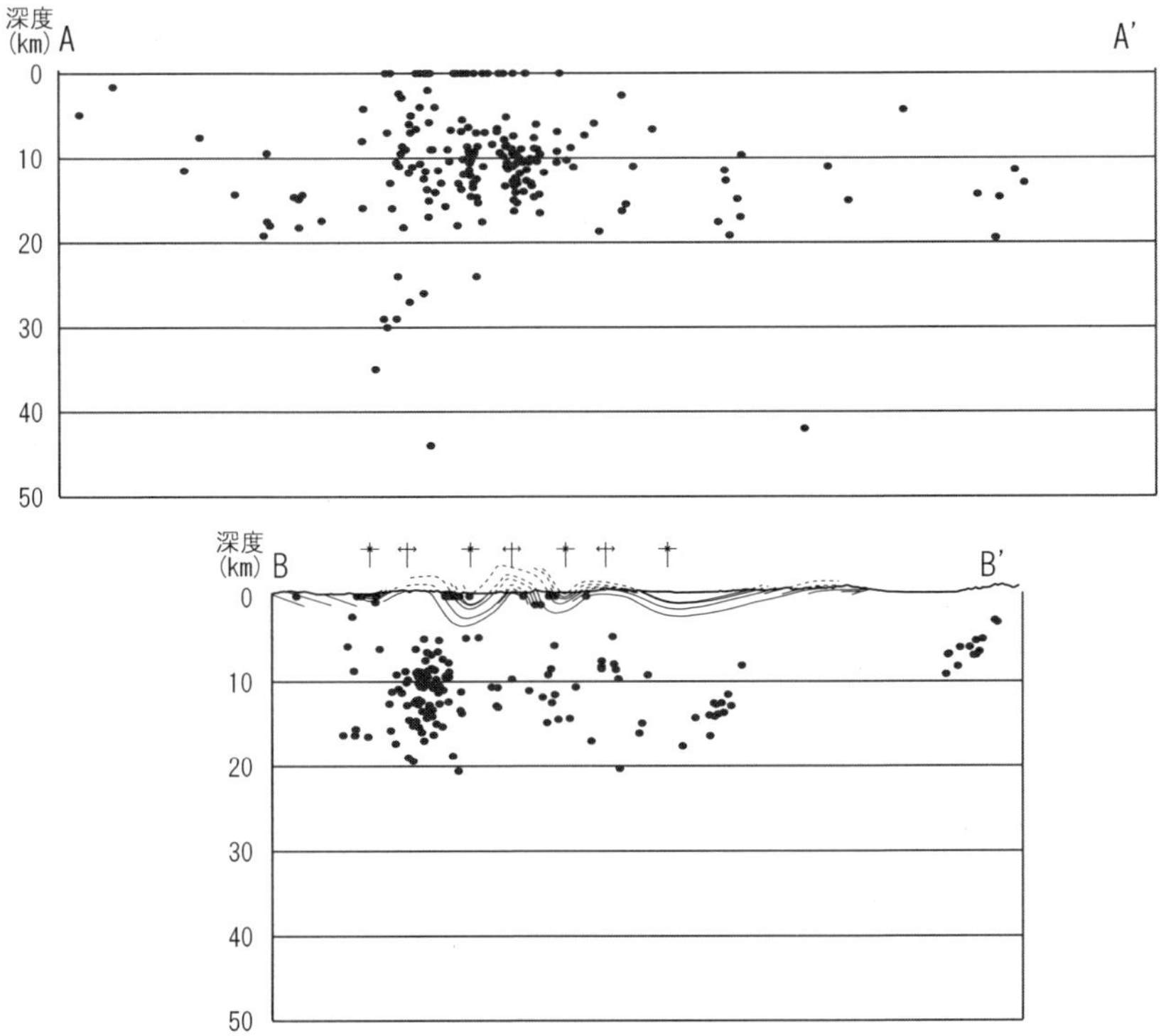

図２－15　広域地震断面図（断面位置は図２－14を参照）

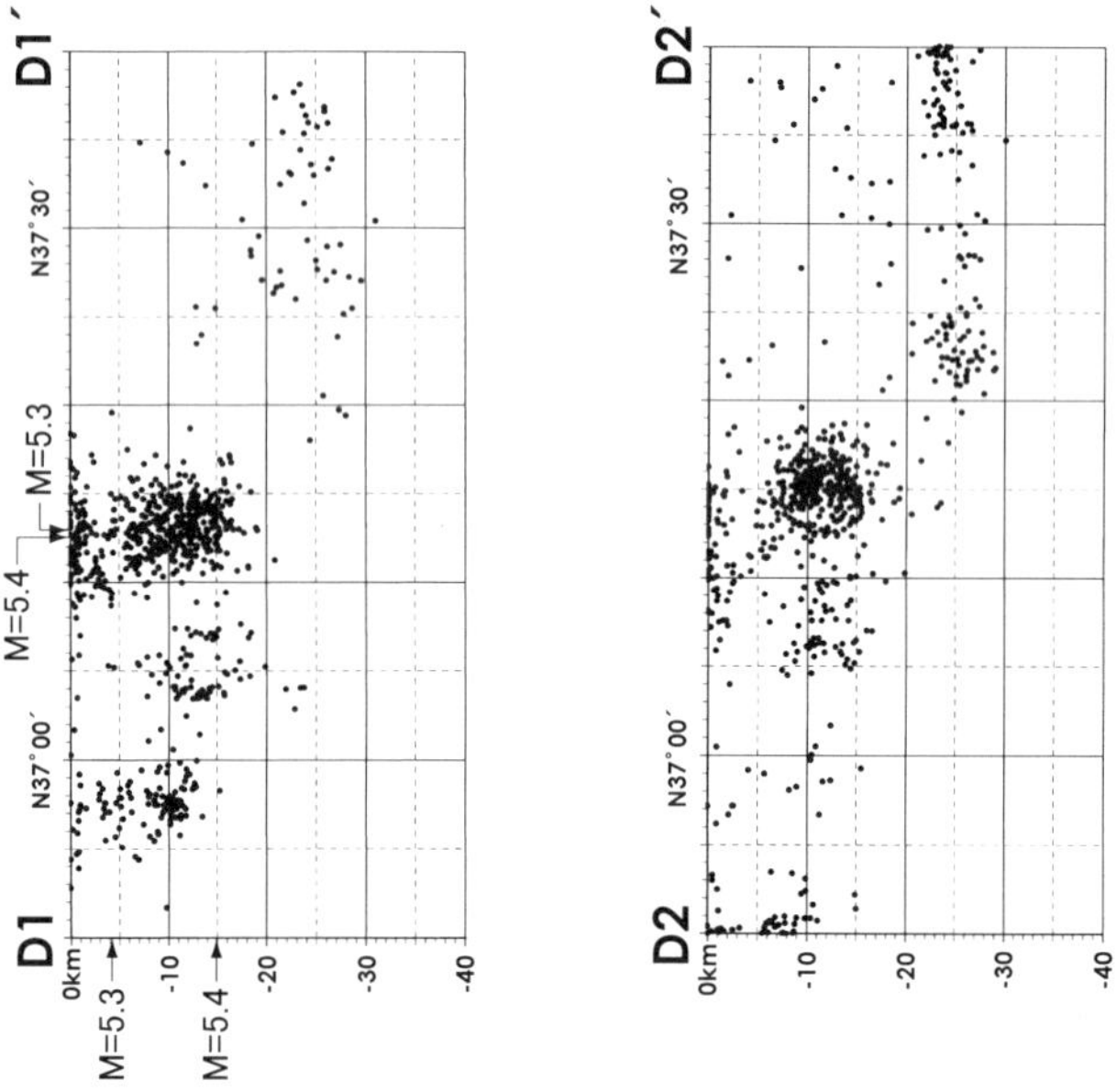

図２－16　高柳の直下地震

図２－14、15、16は下記のデータを基に作成。

気象庁・文部科学省が協力してデータを処理した結果。

なお、震源解析にあたり、以下の機関の地震波形が提供されている。国土地理院、北海道大学、弘前大学、東北大学、東京大学、名古屋大学、京都大学、高知大学、九州大学、鹿児島大学、（独）防災科学技術研究所、（独）海洋研究開発機構、（独）産業技術総合研究所、東京都、静岡県、神奈川県温泉地学研究所、横浜市、気象庁。

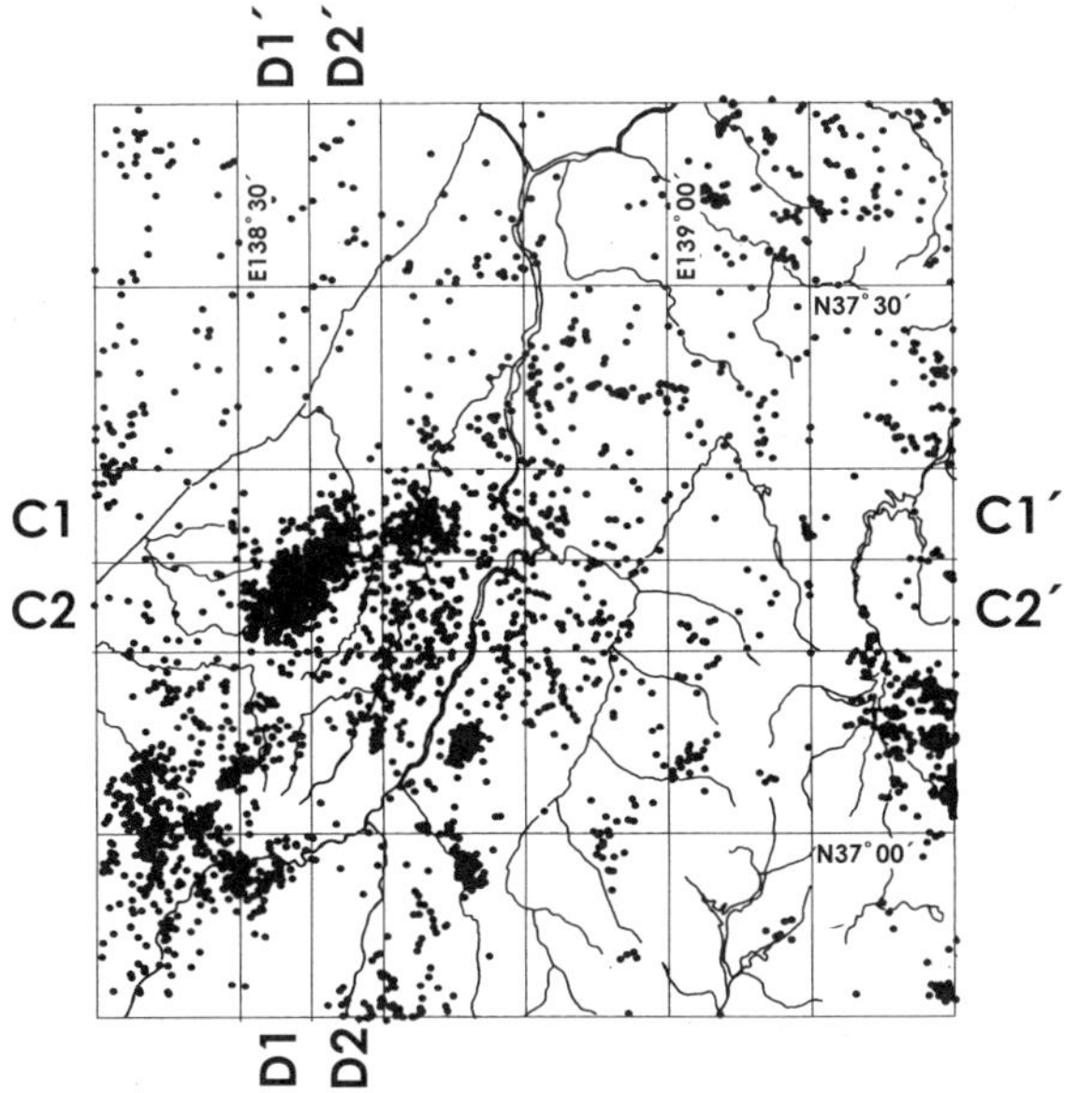
D1´
D2´
E138°30´
E139°00´
N37°30´
C1
C2
C1´
C2´
N37°00´
D1
D2

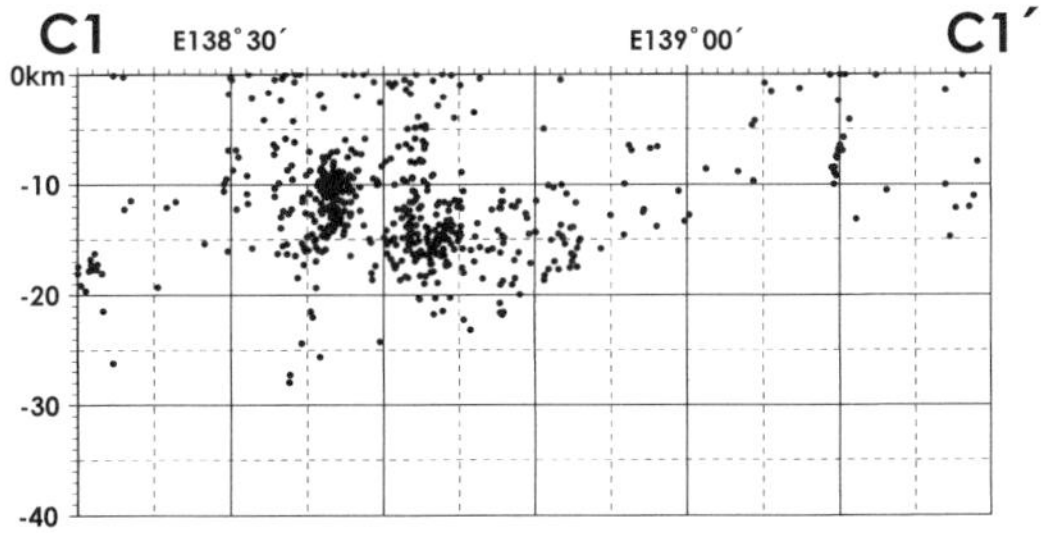
C1
E138°30´
E139°00´
C1´
0km
-10
-20
-30
-40

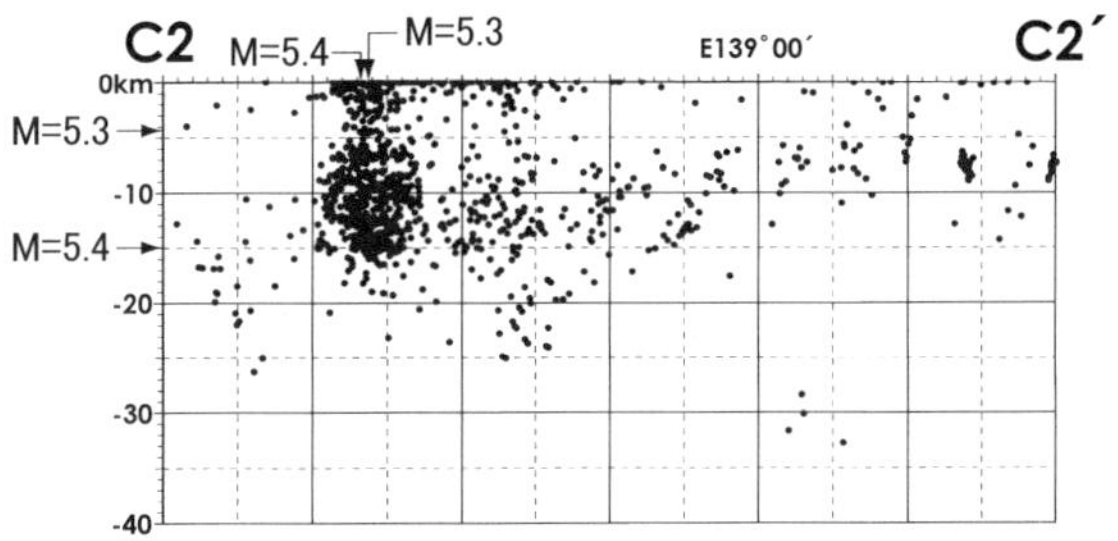
C2
M=5.4
M=5.3
E139°00´
C2´
0km
M=5.3
-10
M=5.4
-20
-30
-40

る「新潟方向」の連続とともに、これとほぼ直交する北西—南東方向（「新潟方向」に対して「胴切り方向」とも呼ぶ）の連続も目立ちます。「胴切り方向」の一部は、褶曲構造の不連続部と重なる傾向も見られます。

地表と地下深部

震央の連続は地下深部で地震を発生させた「断層」の存在を示します。では地下深部はどうなっているのでしょう。図2‐15は震源分布を表した北東—南西方向と北西—南東方向の断面です。幾つかの震源が集中する部分が見られ、垂直に近い震源の連続が目立ちます。

なお、二〇〇五（平成一七）年六月二〇日に高柳の直下・深さ約一〇kmでM四・九の地震が起きました。「まだ中越地震の余震が続くのか」と心配されましたが、気象庁から「中越地震とは別の地震」と発表されました。高柳はしばしば直下地震が起こる場所です。一九九〇（平成二）年一二月七日にも深さ約一五kmでM五・四の地震が発生し、被害が出ています。この地震では本震の四分後に、震源のほぼ真上の深さ約四kmで本震とほぼ同規模M五・三の地震が起こっていることが注目されます（図2‐16）。

図2‐16に、一九八三（昭和五八）年一月一日〜二〇〇四（平成一六）年四月三〇日の間に発生した地震（体では感じないものも含む）の震源を表した東西と南北方向の断面図を示しました。この図に

よれば高柳では、地表から地下二〇km付近まで、垂直に近い「震源の巣」が分布するように見られます。この図は、中越地震と同様に浅い直下地震発生の問題を検討するときに、貴重な示唆を示しているように思います。

地表での震央と地下での震源のこのような対応は、地表における地質構造の解析が地震の発生を検討する場合に、非常に重要な課題であることを意味するものです。

「古傷が再活動」

中越地域の地質構造は、褶曲軸にはっきりと表れている「新潟方向」と、褶曲軸の不連続と、震央の連続から認められる「胴切り方向」の二つの方向の構造が存在することが分かります。

「胴切り方向」の構造は、フォッサマグナができたころ一六〇〇万～一八〇〇万年前ごろ（新第三紀・中新世）に活動的であった構造方向です。現在の活動的な構造方向はもちろん「新潟方向」です。つまり、「胴切り方向」は「古傷の再活動」で、あくまで副次的なものとみられます。しかし新潟、中越での地震の発生の問題にも関連し、また次に述べるように、地震被害の問題にも関係する、無視できないものです。しかし今までは、新潟の活構造運動や地震の分野で「胴切り方向」の構造が注目される機会が少なかったことも事実です。

墓石被害調査――「異常震動帯」

新潟大学積雪地域災害研究センター（現災害復興科学センター）では、大学院生が中心となって中越地震発生直後から多くの人たちの協力を得ながら、「墓石被害調査」を行いました。図2－17は、その結果を表したものです。

調査は、山古志村（現長岡市）など避難勧告が出され立ち入りができない地域を除く、中越地域のほぼ全域、南北約八〇km、東西約五〇kmの範囲で、墓地数計六二二カ所で実施されました。調査対象は、ごく一般的な形状の墓石で、古く不安定なもの、また最新のタイプで中に芯が入って補強されたとみられるものは除き、それぞれの墓地で墓石の転倒率を調べました。

墓石は建物などと比べ、震動に対して、新旧・構造・材料の差による変化が小さく、分布密度が高い人工物のなかでは最も単純で、「相対的」な揺れの強さの比較に、より客観的なデータを得ることができます。

半面、揺れに敏感に反応するため、中越地震の震度六以上の地域ではほとんどの墓石が倒れてしまいました。山古志村（現長岡市）を含め、このような地域を「強震エリア」として区別しました。これは、ほぼ中越地震の震源・強い余震域と重なります。「強震エリア」では、第一章で述べたように、住宅の被害から強く揺れた部分を識別しました。第一章の「激震ゾーン」がそれに当たります。

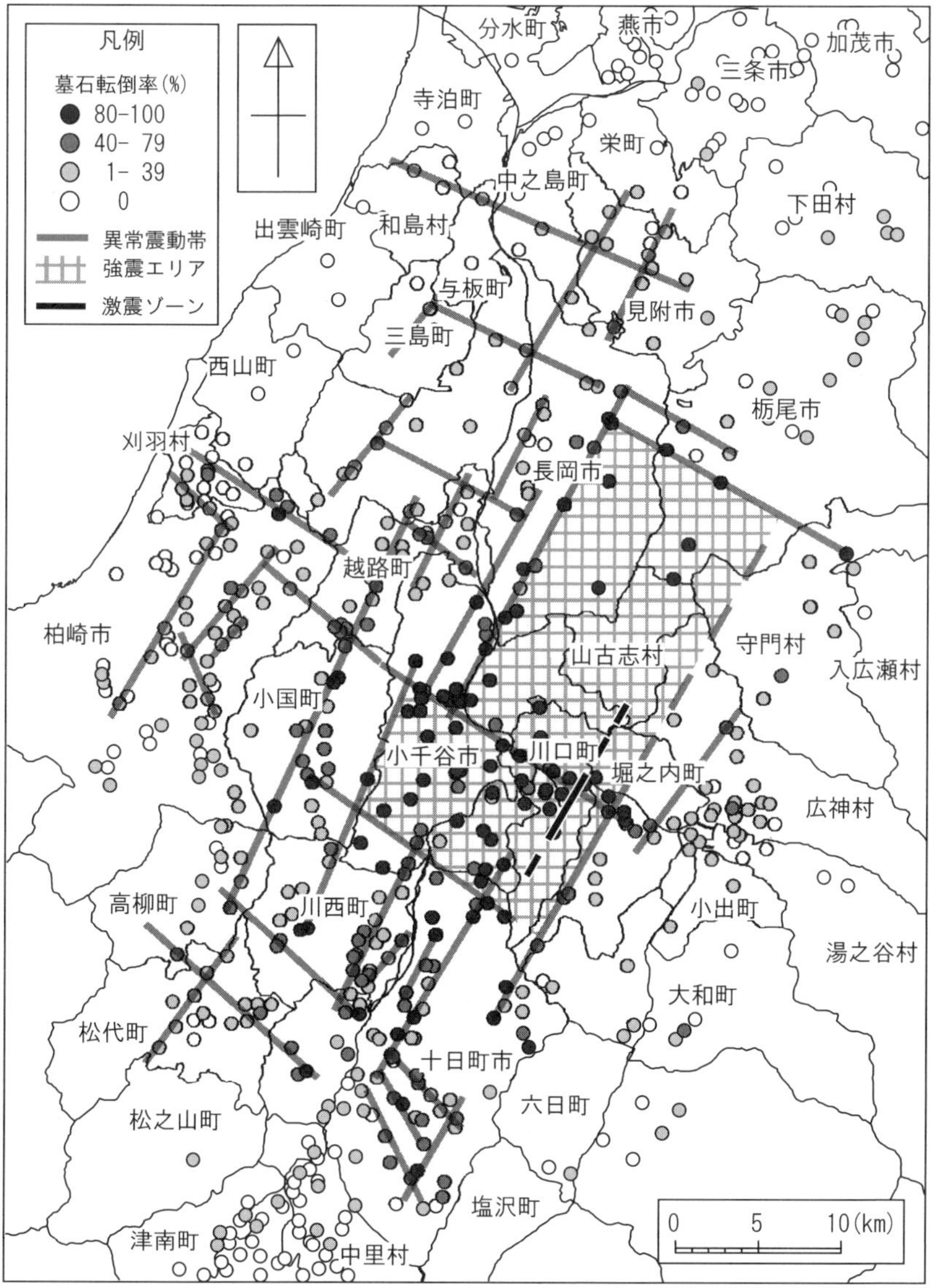

図２－17　中越地震異常震動帯

「異常震動帯」とは

墓石被害調査から推定された「異常震動帯」とは、墓石の転倒率が周辺と比べて高い地点が線状に連続するゾーンを指しています。地震災害の調査を行っていると、地元の人から「ここを地震が走った」とか「ここが地震の通り道だった」という話を聞くことがあります。直感的に地下になんらかの「弱線」が存在することを感じているようです。

もちろん転倒率は、墓地の地盤の影響も受けるため、可能なかぎり丘陵—平野にわたって連続するゾーンを識別するようにしました。

図2-17で示された「異常震動帯」分布の最大の特徴は、「新潟方向」とこれに直交・斜交する「胴切り方向」が顕著に表れていることです。「胴切り方向」で特徴的な一部として、見附—中之島—和島ゾーン、入広瀬—長岡ゾーン、堀之内—川口—小千谷ゾーン、柏崎北部—刈羽ゾーンなどを挙げることができます。第五章で述べる刈羽駅前（ＪＲ越後線）で「飛び地」的に被害が大きかった地点は、この「異常震動帯」上に位置します。

私たちは、「異常震動帯」は地下深部におけるなんらかの「弱線」の存在を示し、それは断層の可能性が高いと考えています。もちろん、この中には誤って引かれたものもあると思いますし、中越地域の「異常震動帯」がこれですべてとも考えていません。

今回の地震被害の大きな特徴である「偏在性」が強く現れたことは、第一章で詳しく述べた地盤状況を強く反映したと同時に、「異常震動帯」として現れた地下の地質構造に強く支配されたものと考えられます。川口町市街地の一部で集中して被害が大きかったことは、基礎地盤の問題が現れたものですし、刈羽駅前の大きな被害は地盤と地下構造の問題が重なったものと判断できます。

越後平野地下でのブロック（地塊）構造―一九九五年新潟県北部（福島潟）地震

中越地震の「異常震動帯」にも、先に述べた図2‐14、また、信濃川の河成段丘の解析から明らかになった図2‐7と同様に、「新潟（信濃川）方向」とこれにほぼ直交する「胴切り」方向の組み合わせが明確に見られます。これは中越地域だけの特徴でしょうか。

一九九五（平成七）年四月一日に、越後平野北部の福島潟直下を震源とする地震（M五・五）が発生しました。この地震では幸いなことに死者は出なかったのですが、震源直上の笹神村（現阿賀野市）高田、上高田地区では神社が跳びはねるなど、局地的に非常に強い震動を記録しました。

私たちは、この地震と新発田―小出構造線の関係を知りたいと考え、墓石被害の調査を行いました。もし、新発田―小出構造線がこの地震と関係があれば、地形的に構造線が最も鮮明に現れている、五頭山地と笹神丘陵の間の村杉低地帯に沿って、墓石被害の強いゾーンが現れるはずです。この調査では、墓石の転倒、移動、回転などの変状と変位のすべてを記録しました。

図2‐18は、この調査結果を示しています。結論から述べると、村杉低地帯に沿って特に強く震動し

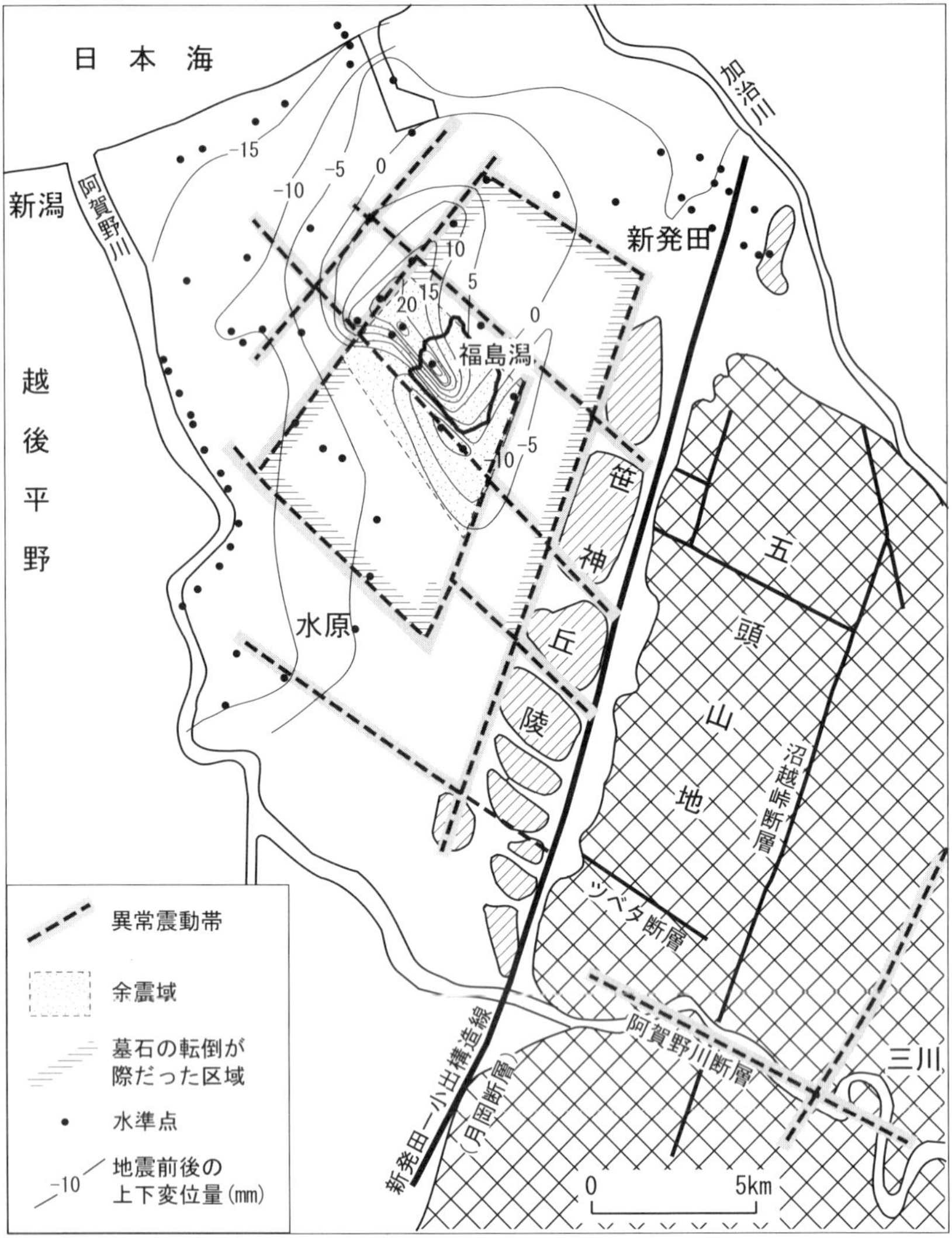

図２―18　新潟県北部（福島潟）地震

たという傾向は見られませんでした。墓石の転倒が目立つ「強い震動域」が福島潟を中心とした「新潟方向」と「胴切り方向」の「異常震動帯」で囲まれたほぼ一〇km×六〜八kmの範囲で、この外側とは揺れの強さが明らかに異なっていることが分かりました。さらに「異常震動帯」はこの外側にも延長しています。

図2-18には、東京大学地震研究所によるこの地震の余震域と、新潟県環境保健部による地盤沈下の観測のための水準点測量の結果をもとに、地震後の地盤の隆起・沈降量を記入しました。この図で、墓石調査から現れた「強い震動域」のほぼ中心部に北西—南東方向に長軸を持つ六×四kmほどのほぼ長方形の範囲に余震が集中し、余震域の中心部に、「胴切り方向の異常震動帯」と一部「新潟方向」に支配された形で、周辺と比べて地盤の隆起と沈降のシャープな境界が位置することが分かります。

まったく別個の手法で行われた三者の調査結果が調和したことは意味が大きいと思います。これは、周辺の地質構造ともあわせて、「異常震動帯」が地下の構造を反映したものであることを強く示唆します。また越後平野の北部でも「新潟方向」と「胴切り方向」が組み合わされたブロック（地塊）構造が存在するものと判断できます。

第三章　一九年ぶりの豪雪が被災地を襲う

中越地震の大きな特徴の一つは、冬（積雪期）が間近に迫る時季に、わが国有数の豪雪地域に位置する中山間地で発生したという点です。このことは、冬までに災害復旧が間に合わなかった個所については、雪氷災害の発生危険度が著しく高まったことを意味します。冬の観光資源や水資源の点からはある程度の雪の恵みが望まれますが、中越地震の被災地に限ってはなるべく少ない雪で済めばと多くの人が願ったことでしょう。ところがその期待もむなしく、二〇〇四—〇五（平成一六—一七）年冬期は一九年ぶりの豪雪となりました。二〇〇四（平成一六）年七月の集中豪雨から始まった中越地方の災難は、一〇月の中越地震に続き、冬の豪雪が追い打ちをかける結果になりました。近年、暖冬少雪の傾向が続いており、豪雪の経験が風化し、住民の雪に対する危機意識が低下しつつある中での豪雪でした。

この章では、震災直後の冬の気象と積雪の特徴を概観するとともに、被災地にもたらされた雪氷災害を「地震と豪雪の複合災害」の視点から見ていきたいと思います。

一、震災直後の冬の気象と積雪の特徴

二〇〇四―〇五年冬期は「暖冬多雪」だった

気象庁の資料によれば、二〇〇四―〇五年の冬は一二月中旬まで全国的に気温の高い状況が続きましたが、一二月下旬から冬型の気圧配置が強まって寒気が流入しました。その後は日本付近を低気圧や前線が通過することが多かったため、低気圧に向かって暖気が入り、通過後は冬型の気圧配置が強まって寒気が入ることを繰り返し、気温の変動の大きい状態が三月まで続きました。冬（一二―二月）の平均気温としては全国的に平年を上回り暖冬傾向であったといえます。一方、降雪量は、寒気の流入や低気圧の通過によって北日本や東日本の日本海側で多く、山間部では積雪量が平年を大きく上回る地点も出ました。つまり、過去の豪雪年のほとんどが寒冬多雪であるのに対し、二〇〇四―〇五年の冬は「暖冬多雪」であったといえるでしょう。

新潟県中越地方に目を向けると、初雪は多くの場所で一二月二一日であり、平年に比べて一カ月前後も遅いものでした。しかし、その後断続的に大雪がもたらされ、積雪量が平年を大きく上回りました。アメダス津南で二月一二日に過去最大となる最深積雪三六九㎝を記録したように、一九八六（昭和六一）年の六一豪雪以来一九年ぶりの豪雪となりました。中越地方のアメダス十日町における二〇〇四―〇五年積雪期の積雪深と日平均気温の推移を、過去一〇冬期の平均値と比較して図3–1に示

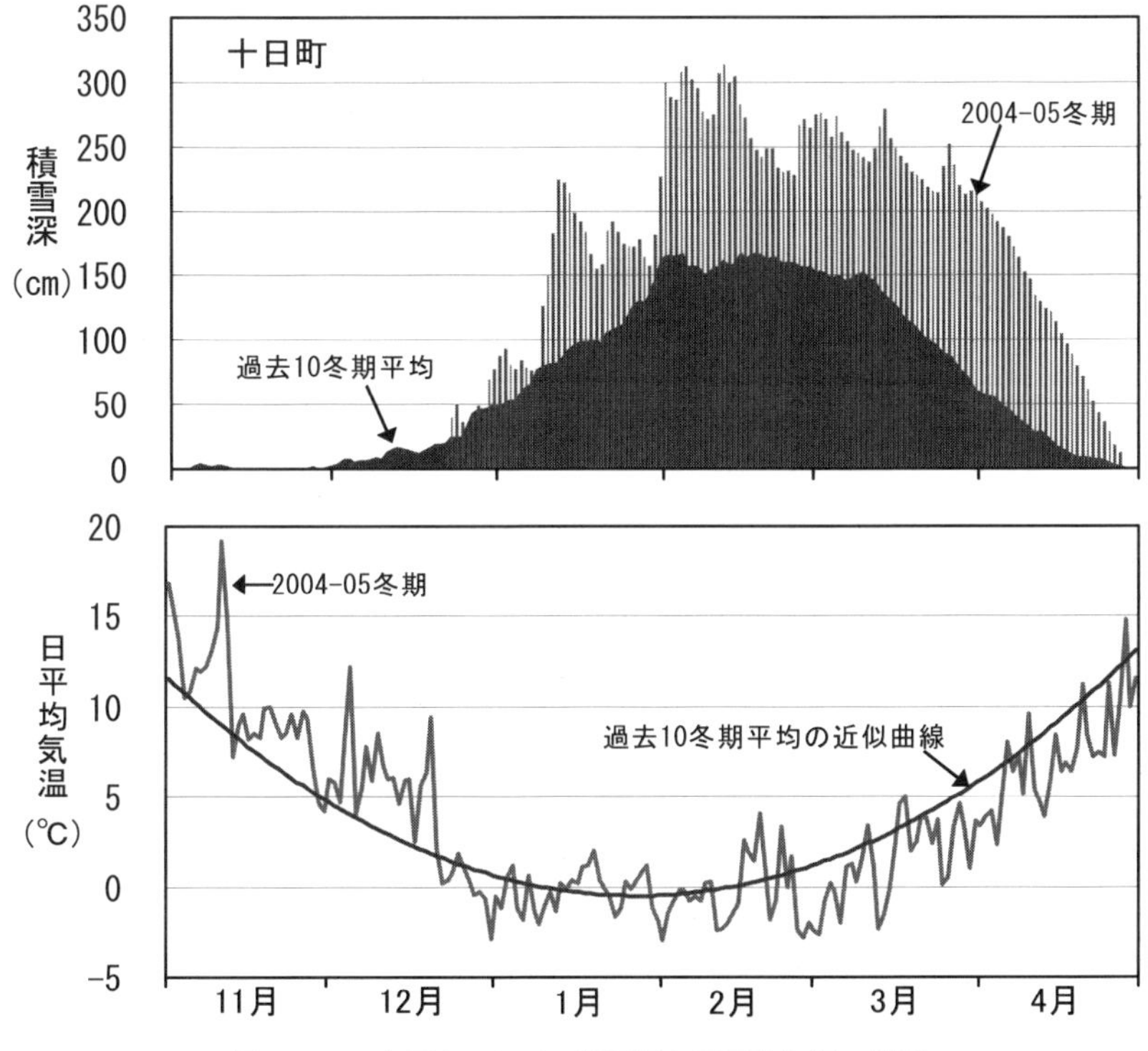

図３－１　十日町における積雪深と日平均気温の推移

します（気温は過去一〇冬期平均を曲線で近似したものです）。この図から、十日町では過去一〇冬期平均の二倍近い積雪深であったこと、冬（一二―二月）の平均気温が、暖冬傾向にあった過去一〇冬期の平均を上回ったこと、一二月下旬から三月中旬ごろまでは、日平均気温が零度を挟んで大きく変動したこと、三月から四月にかけての春は過去一〇冬期平均よりも全体的に少し低めの気温であったことなどが分かります。また、二〇〇四―〇五年積雪期の消雪日は四月二七日でしたが、これは過去一〇冬期の平均（四月九日）に比べて一八日も遅い消雪日です。

被災地に集中した降雪

暖冬多雪が特徴といえる二〇〇四―〇五年冬期の積雪分布はどのようなものだったのでしょう。図3-2は気象庁、国土交通省、新潟県、十日町市・栃尾市（現長岡市）・長岡市・小千谷市などの市、防災科学技術研究所・森林総合研究所などの研究機関がWebサイト上で公開している積雪深データに、独自の観測データを加えた約一五〇地点の積雪深データを用いて作成した新潟県内の詳細な積雪深分布図です。中越地方では二月上・中旬に積雪深が最大になりましたが（アメダス十日町では二月一二日）、図3-2はその時期の積雪深分布を表したものです。この図から、新潟県内では中越地方の山間部に降雪が集中し、積雪深が特に大きくなったことが分かります。積雪深が三ｍを超えている地域は、十日町市、川口町、山古志村（現長岡市）、魚沼市、津南町のほぼ全域と小千谷市・長岡市・

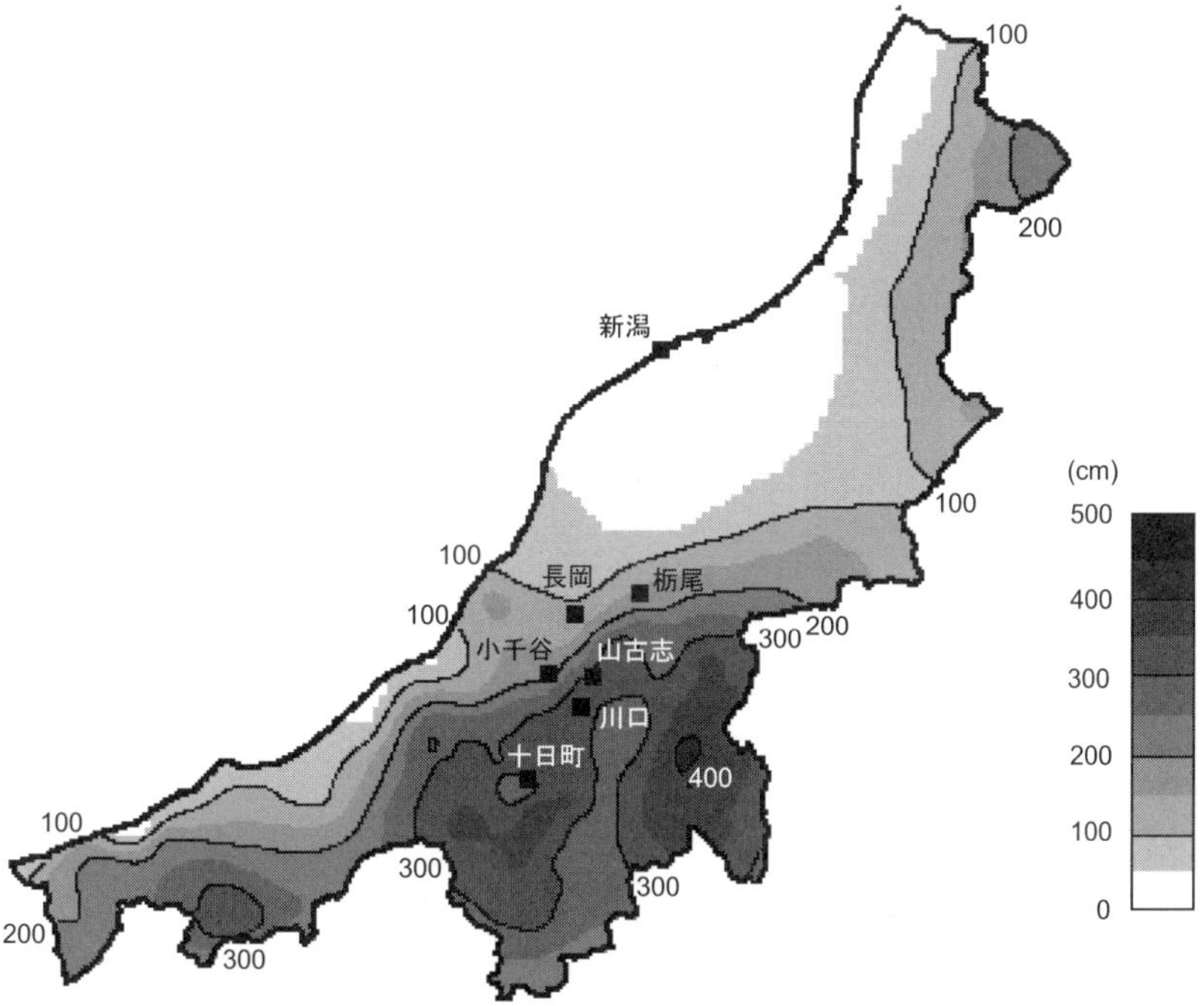

図３－２　2005年２月14日の新潟県内の積雪深分布

栃尾市（現長岡市）、南魚沼市などの山間部に広がっています。これらの地域は地震被害が極めて大きかった地域とほぼ一致しており、雪氷災害の発生危険度が被災地において極めて高い状態になったことを意味しています。

ざらめ化が急速に進んだ積雪

例年にない暖冬多雪は積雪の状態にどのような影響を及ぼしたのでしょうか。図3―3に、山古志村（現長岡市）城山トンネル付近（国道三五二号線、標高二七〇m）の二〇〇五（平成一七）年二月一七日における積雪層構造を、一九八六（昭和六一）年二月一三日（六一豪雪）における小出町（現魚沼市）干溝（標高一一五m）の積雪層構造と比較して示しました。両者とも積雪深がほぼ最大となった二月中旬の観測結果です。図中の記号は雪質記号と呼ばれるもので、積雪内部の雪質の状態を表しています。ここで注目してもらいたいのは●のしまり雪と○のざらめ雪です。二〇〇五（平成一七）年の山古志では、厳冬期である二月の時点で積雪のほとんどがざらめ雪に変化しているのに対し、六一豪雪時の小出では、山古志より標高が低いにもかかわらず全層の半分以上がしまり雪やこしまり雪の状態で保持されています。また、六一豪雪時の小出の積雪はほとんど水を含んでおらず、比較的軽い雪（平均密度三五〇kg／m³）でしたが、二〇〇五（平成一七）年の山古志では積雪全層が水を含み重い雪（平均密度四五〇kg／m³）になっていました。二〇〇五（平成一七）年の積雪に見られたこれ

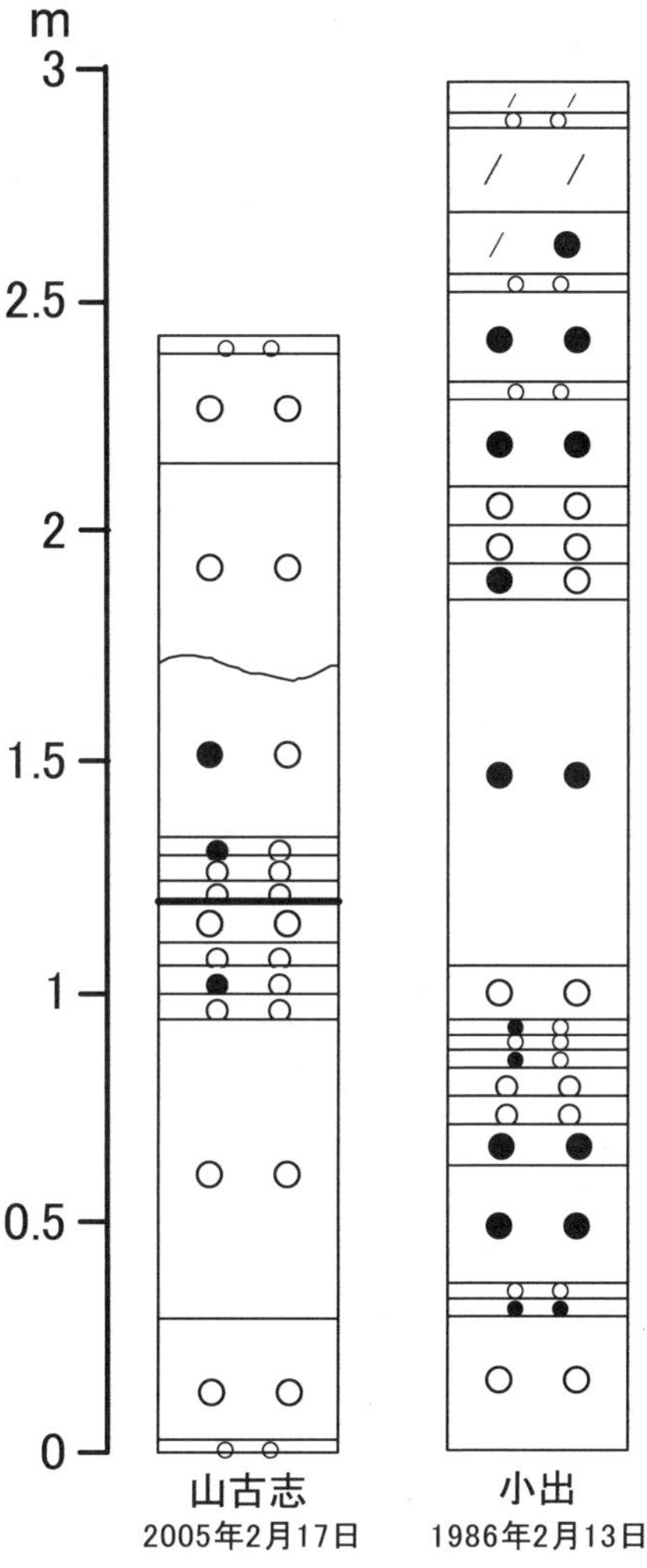

図３－３　2005年と1986年（61豪雪）の厳冬期における雪質の比較
（／：こしまり雪，●：しまり雪，○：ざらめ雪）

らの特徴は、まとまった降雪の後の気温上昇と降雨によって積雪のざらめ化が急速に進んだことによるものです。このざらめ化の進行は積雪を重くするだけでなく強度の低下ももたらしますので、雪氷災害の発生と密接な関係があります。

二、中越地震と豪雪がもたらした複合災害

二〇〇四—〇五年積雪期は、上記の厳しい気象・積雪状況のもと、一月から様々な雪氷災害が発生しました。新潟県融雪災害警戒本部の二〇〇五（平成一七）年五月一〇日の発表によると、二〇〇四—〇五年積雪期の雪による人的被害は、死亡者二六人、負傷者一四七人にも上りました。死亡、負傷を合わせた人的被害者数は、魚沼市（二五人）、旧長岡市（二四人）、旧十日町市（一六人）の順に多く、中越地震の被災地に大きなダメージを与えたことが分かります。このような状況を受けて、新潟県では二月一八日に六一豪雪以来一九年ぶりに豪雪対策本部を設置しました。また、四月八日には、融雪災害の危険性が高まったため、新潟県融雪災害警戒本部が設置されています。以下に、中越地震による被害と密接に関係している雪氷災害について、代表的な事例を取り上げて説明します。

地震で傷んだ斜面から全層雪崩が多発

二〇〇四—〇五年積雪期は雪崩災害が全国的に多発しましたが、新潟県でも一七件（死者二人）に

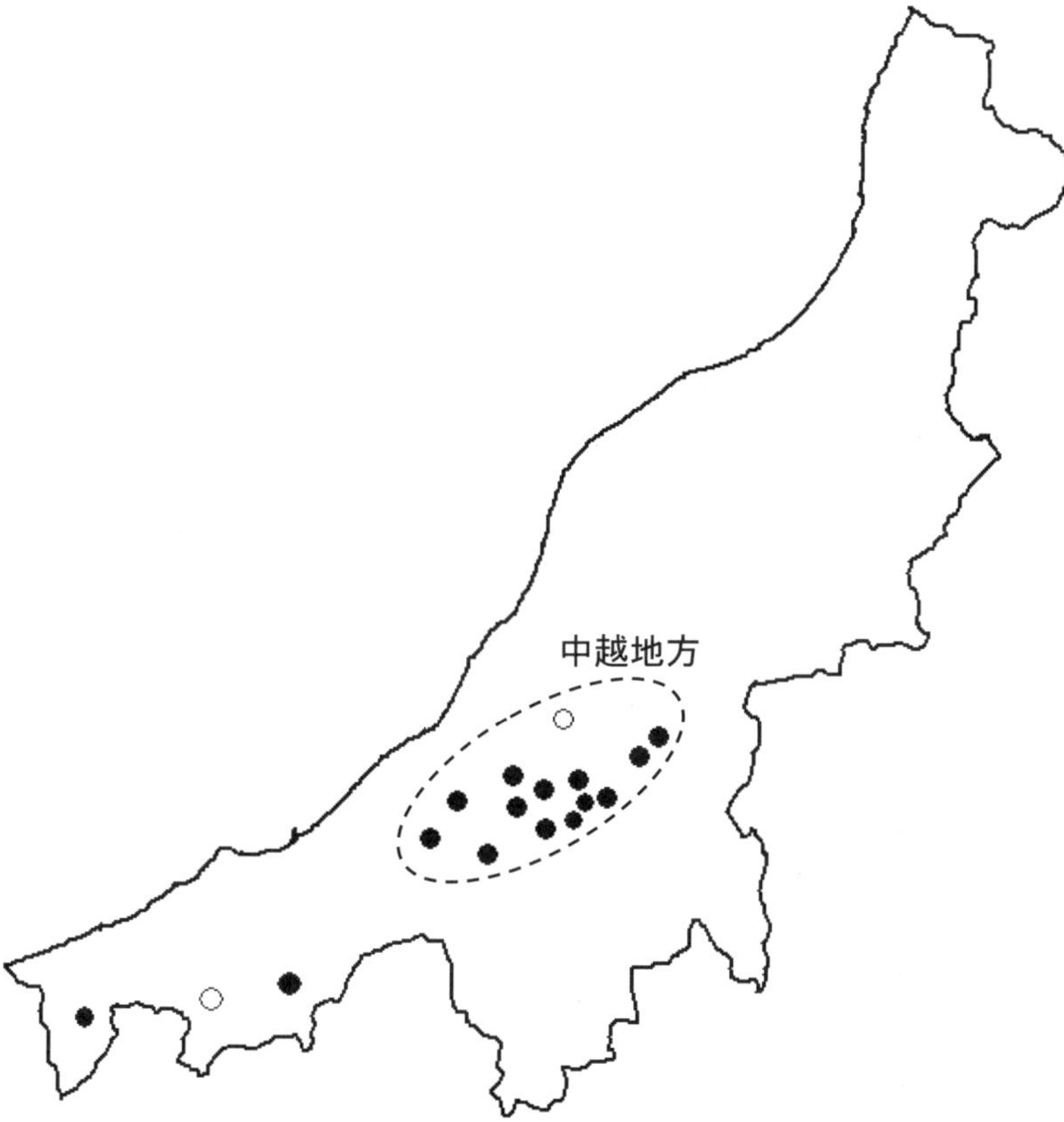

図３－４　2004－05積雪期の新潟県における雪崩災害の発生地点
（●：全層雪崩，○：表層雪崩）

写真３－１　基礎ごと崩落した雪崩予防柵（小千谷市）

写真３－２　中越地震による崩壊斜面（上）とそこで発生した全層雪崩（下；2005年１月19日）

達しました。新潟県において死者が出た雪崩災害は、二〇〇〇（平成一二）年六月の浅草岳におけるブロック雪崩（雪庇・雪渓などの雪塊の崩落）災害以来五年ぶりです。

新潟県における雪崩災害の発生場所は中越地方の山間部に集中しています（図3-4）。これは、図3-2に示したように中越地方の山間部が大雪となったことが大きく影響しています。それに加えて、中越地震では表層崩壊・地すべりなどの斜面災害が多発し、樹木・低灌木《かんぼく》などの植生が流され表土が露出した斜面が続出したことや、雪崩の発生を抑えるための柵など雪崩対策施設が流されたり（写真3-1）、土砂に埋まったりして機能を果たさなくなった個所が多く出現したことも雪崩災害の集中に関係していると考えられます。実際に、写真3-2に一例を示すように、中越地震で崩壊した急斜面では、厳冬期の一月から全層雪崩が頻発した個所が多く見受けられました。また、中越地方で災害をもたらした雪崩のほとんどすべてが湿雪全層雪崩（水を含んだ積雪の全層が崩落する雪崩）でした。これは、前述のように、二〇〇四—〇五年積雪期の気象を反映して厳冬期からざらめ化が急速に進み、積雪層全体がもろくなったためであると考えられます。積雪期前には、中越地震の余震が雪崩の引き金となることが懸念されましたが、幸いなことに余震発生時に災害となるような大きな雪崩の発生はありませんでした。

中越地震の影響による雪崩災害の典型例は、二〇〇五（平成一七）年三月一九日に小千谷市西吉谷で発生した事例です。地震で傷んだ急斜面から未明に発生した湿雪全層雪崩が斜面下の川（茶郷川）

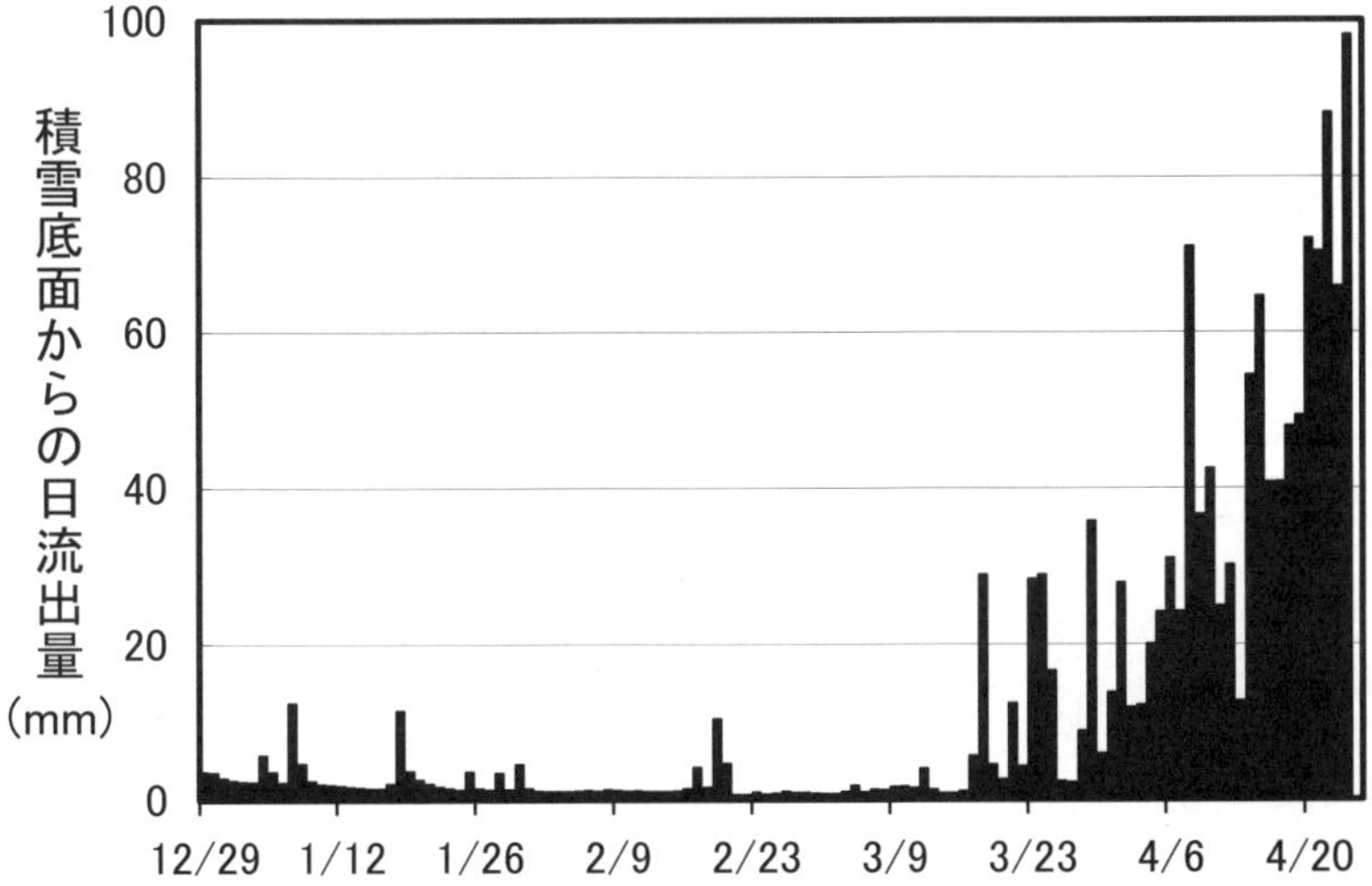

図３－５　塩沢雪害防止実験所における積雪底面からの日流出量の変化
（2004年12月29日～2005年４月24日）

写真３－３　小千谷市西吉谷の雪崩災害

写真３－４　小河川でみられた河道閉塞（川口町）

写真３－５　土砂と雪で河道が閉塞し，氾濫した茶郷川（小千谷市）

写真３－６　十日町市魚之田川（国道252号）土砂災害現場（写真／竹内由香里氏）

をせき止め、隣接する民家が床上浸水しました。さらに、その七時間後に同じ斜面で再び発生した湿雪全層雪崩によって、この民家が損壊するとともに作業小屋が全壊しました（写真3－3）。現場付近の積雪は、ほぼ全層が濡れざらめ雪からなっており、全体的に水を含んで非常にもろくなっていました。

融雪による閉塞河川の氾濫と土砂崩れ

中越地震によって中小河川に河道閉塞が多発し、それによって形成された堰《せき》止め湖が大きな問題となりました。河道閉塞個所では、多量の融雪水による堰止め湖の決壊・土石流、洪水、雪泥流が発生することが懸念されましたが、積雪期前の復旧工事や応急対策が急ピッチで行われ、一九年ぶりの豪雪にもかかわらず大規模な災害をもたらす現象は発生しませんでした。しかし、小河川や渓流で小規模な河道閉塞（写真3－4）が非常に多く出現したため、積雪期前に復旧が間に合わなかった個所では、融雪期に河川が氾濫《はんらん》し、河川脇の農地へ水が流れ込んでいる状況が見られました（写真3－5）。その結果、農地が土砂で埋まったり、流水で浸食されたりした個所もありました。

一方、地震で崩壊したり、亀裂が生じたりして不安定化した斜面では、融雪による土砂災害が小千谷市、長岡市、十日町市、栃尾市（現長岡市）などで多く発生し、道路の通行止めが相次ぎました（写真3－6）。発生件数は特に三月下旬以降に急増しました。新潟県融雪災害警戒本部のまとめでは、四月一日から五月二三日までの発生個所数は、土砂崩れ・山腹崩壊・土砂流出が五三カ所、地すべりが二五カ所となっています。図3–5に塩沢町（現南魚沼市）において積雪ライシメーター（積雪下面に集水容器を敷設し、積雪底面から流出する水量を測定する装置）を用いて測定した積雪底面からの日流出量の変化を示します。日流出量は三月中ごろから急激に大きくなっており、頻発した土砂災害が融雪の影響によるものであることが分かります。三月中旬以降の日流出量は数十㎜から一〇〇㎜近くにも達しており、一カ月以上にわたって大雨が降り続いた状態に匹敵します。

荒廃斜面で見られた融雪期の土砂災害の多くは、斜面上に多量の積雪が存在する状況下で発生しており、土砂と積雪が同時に崩落・流下したことが特徴といえます。これは、豪雪で斜面上の積雪が多かったことや、斜面が地震によって荒廃したため例年よりも融雪水の浸透による崩壊が起こりやすくなっていたことによると考えられます。また、厳冬期から積雪のざらめ化が促進されたため、斜面上に多量の積雪がある融雪初期の段階から融雪水や雨水の地中への流出が起こりやすい状態にあったことも関係しているでしょう。

地震で被災した建物が雪で倒壊

中越地震では全壊・半壊・一部損壊を含めると一万棟以上の住家が被災しました。その後の一九年ぶりの豪雪によって住家の被災がさらに拡大しました。新潟県危機管理防災課の二〇〇五（平成一七）

年六月九日の発表によると、新潟県内の雪による建物滅失棟の総数は二六九棟で、そのうちの約七一%に当たる一九一棟が地震で全壊認定を受けた建物でした。滅失棟数は山古志村（現長岡市＝八五棟）、小千谷市（六八棟）、栃尾市（現長岡市＝二一棟）、川口町（二〇棟）、魚沼市（一八棟）の順に多くなっています。これらの市町村では、冬に入っても避難勧告・指示が解除されない地区を多く抱えていて、そのため真冬の雪下ろし作業がほとんどできなかったことが影響しています。

家屋に関する、地震と豪雪による複合災害で最も痛ましかったのが、一月二六日に小千谷市稗生《ひう》の旅館で発生した屋根雪落下による浴場倒壊事故でした。この事故では、半地下状の浴場（平屋建て）の屋根に旅館本館（二階建て）の屋根雪が落下し、その衝撃で浴場の屋根が屋根雪もろとも崩落したため、入浴中の男性二人が死亡しました。この旅館は震災によって市から半壊の認定を受けており、地震で傷んだ本館の瓦屋根には雨漏り防止用のブルーシートが張られていました（写真3-7）。瓦屋根などのような凹凸面をブルーシートで覆った場合には、雪が少しずつ落下せずにたまってしまい、それが一度に落下する危険性があります。事故時には本館屋根の軒先で約八〇cmの水を含んだ重いざらめ雪が積もっていました。この屋根雪がまとまって約六mの高さから落下して浴場屋根を破壊し、浴場屋根上の雪とともに浴場内になだれ込んで、入浴客二人を雪に埋没させてしまったのです。地震で被災した屋根を降雪前に修理し（ブルーシートをはずし）、屋根の雪下ろしを頻繁に行っていれば、このような事故は防げたかもしれません。

写真３－７　屋根雪が落下，浴場が倒壊した小千谷市の旅館
（浴場は写真の左下・木の後ろ）

写真３－８　消雪パイプの破損（小千谷市）

写真３－９　消雪用に設置された孔あきホース（川口町市街地）

写真３－10　孔あきホースでの消雪が機能しなかった路面状況
（川口町，2005年１月13日）

消雪パイプの破損で雪に埋まった道路

中越地震の直後に市街地の道路を通ると、消雪パイプが破壊・損傷している個所が各地で見られました（写真3−8）。新潟県管理の道路だけでも消雪設備の被災個所数は二四六カ所、被災延長は一一・九kmにも及びました（新潟県土木部道路管理課二〇〇四年一一月二二日発表）。消雪パイプは雪国における冬の日常生活や道路交通の救世主ともいえる存在です。豪雪時に消雪パイプが機能を停止した場合の影響は計り知れません。

たいへん危惧《きぐ》していた破損消雪パイプの応急的な復旧は、国道や県道では雪が降り始めた一二月下旬までにほとんど完了しました。しかし、市町村道では復旧工事が積雪期にずれ込んだり、応急的な対策で冬を過ごさざるを得なかったり、二〇〇四—〇五年積雪期には復旧できなかったりした個所が残りました。

消雪パイプが未復旧の道路では、路面上に多量の雪が残り交通渋滞を引き起こすことがありました。消雪パイプ破損道路における応急対策としてよく活用されたのが孔《あな》あきホースによる消雪です。写真3−9は川口町の市街地に設置された事例です。孔あきホースによる消雪は、雪が少ない場合には有効でしたが、一月上・中旬のような連続的な大雪の際には十分に機能することができず、写真3−10のように道路が多量の雪で埋まる結果となりました。また、孔あきホースが車に巻き込まれ破損することもありました。大雪時に孔あきホースが機能しなかった原因として、一つには水量が不足していたことが考えられます。また、孔あきホース上に雪（屋根雪、除雪した雪など）が多量に積もるとその荷重でホースがつぶれしまい、送水不能に陥った可能性もあります。

三、中越地震が真冬に起こっていたら

中越地震は、降雪前の一〇月二三日に発生しましたが、もしこのような大地震が豪雪地域で真冬に起こったらどうなるでしょうか。

積雪地域において積雪期に直下型の地震が起こって、建物の倒壊や小規模な雪崩などが発生した事例は、一九九八（平成一〇）年二月二一日の新潟県中越地方を震源とする地震（M五・〇）、二〇〇一（平成一三）年一月四日の新潟県中里村（現十日町市）を震源とする地震（M五・三）などのように近年でも何回か起こっています。しかし豪雪と大地震の発生が重なった事例は、歴史的に見ても多くはありません。豪雪時に大地震が起きた際の状況を、一六六五（寛文五）年一二月二七日（新暦二月一日）に発生した高田地震（M六・四）に見ることにします。

上越市史通史編三によれば、この寛文五年の冬は豪雪で一丈四尺（約四・二m）もの積雪があったため、地震によって高田（上越市）のお城や城下町の家屋の大半が倒壊しました。雪の壁に阻まれ家の外に脱出できず押しつぶされたり、出火で焼かれたりして亡くなった人は、高田だけで一五〇〇人

写真３－11　長岡地震で屋根に雪をのせたまま倒壊した米倉庫
（写真／新潟日報社）

余りに及んだという記録もあります。高田から約八km東方の三和村（現上越市）所山田の池松縄家には「余震が続いて地割れが発生し、積雪の上まで青い泥土が噴き出した。在郷の村々では、土台石を据えて建てた家はほとんど倒壊し、掘っ立ての家は少し残った。人々は雪上に仮小屋を建てて新年を迎えた」と読み解ける文書が残っています。豪雪時に発生した大地震では、雪の荷重で建物の倒壊被害が拡大し、雪の壁で脱出を阻まれて死者がたくさん出たことが分かります。地盤の液状化もすさまじく、大雪の上にまで泥水が噴き上がりました。

この寛文五年の高田地震ほど地震の規模は大きくありませんが、一九六一（昭和三六）年二月二日の長岡地震（M五・二）は三六豪雪による約二mの雪の中で起こりました。この地震は長岡市の川西地区を襲った直下型で、被害は直径約二kmの狭い範囲内に集中し、死者五人、負傷者三〇人、家屋全壊二二〇戸を数えました。この長岡地震でも豪雪による屋根雪荷重が建物の倒壊被害を拡大したと言われています（写真3－11）。

これら高田地震や長岡地震は平野部での地震であったため、被害は建物やそれにかかわる人身がほとんどでした。もし中山間地を襲った中越地震が豪雪の最中に起こっていたら、建物の被害が一層大きくなるばかりでなく、雪で覆われた急斜面の至る所から土砂だけでなく雪も雪崩となって崩落し、地震時の被害がさらに甚大になっていたに違いありません。また、道路の除雪・消雪さえままならない状況下で、大雪の中での救助・救援作業や復旧作業は困難を極め、場合によっては大規模な二次災害が発生したかもしれません。考えただけでも背筋が寒くなる思いがします。

四、一九年ぶりの豪雪を終えて

平成一六年度は、新潟県中越地方にとって七月の集中豪雨（水害）、一〇月の中越地震、冬の豪雪と連続災害に見舞われた年でした。短期間にこれだけ多くの記録的な災害現象が続いたことは過去になかったのではないでしょうか。雪氷災害についていえば、中越地震によって斜面、地盤、河川、道路、家屋などが大きな打撃を受けた直後に豪雪に襲われたため、明らかに複合災害の様相を呈し、豪雪が単一でもたらす被害よりも規模・件数などが拡大したと考えられます。雪崩災害、融雪期の土砂災害、家屋の雪による倒壊などの件数の多さは、このことを如実に物語っています。

しかし、見方を変えれば、これだけの豪雪にもかかわらず被害を最小限に食い止めることができたともいえます。この背景には行政機関、地域住民、ボランティアなどの多大な努力があったことは間違いありません。行政による幹線道路の早期復旧とパトロールの強化、地域コミュニティーの協力態勢、ボランティアによる雪下ろし・除雪作業などが各地で見受けられました。

地震で傷んだ斜面や雪崩対策施設は、一九年ぶりの豪雪や融雪によって一層荒廃が進みました。この豪雪に引き続き二〇〇五—〇六年冬期も「平成一八年豪雪」と命名されるほどの豪雪となり、新潟県の人的被害は死亡者三二人、負傷者二八八人にも上りましたが、前年の教訓もあって、中越地震との関連が深い被害はほとんどなかったようです。しかし、被害を受けた斜面や施設の場所や数が多いだけに、これらの完全復旧にはかなりの年月を要するものと思われます。完全な復旧・復興が成し遂げられるまでの期間、雪害対策にどのように取り組んでいくかが今後の大きな課題といえます。また、中越地震の発生は積雪期の前でしたので、不意を突かれた形での地震と豪雪のダブルパンチは避けることができました。しかし、最悪のシナリオを想定した防災計画や対策の重要性は誰の目にも明らかなことでしょう。

第四章　中山間地農業と土砂災害

中越地震では、第一章で見たように、中山間地での土砂災害が大きな特徴の一つです。宅地、農地、道路が地すべり、山崩れで大きな被害を受け、山古志地区の芋川では地すべりダムで川がせき止められ、木篭集落が水没しました。小千谷市塩谷《しおだに》では幅五〇〇m、長さ七〇〇m余りの大規模な地すべり（写真4－1）が活動しました。

このため山古志村（現長岡市）では全村民（二二〇〇人余）が避難せざるを得ない状況になりました。小千谷市南西部の吉谷《よしだに》地区（写真4－2）や小国町（現長岡市）の法末《ほうすえ》地区をはじめ各地で土砂災害による大きな被害が出ています。引き続き第三章で見たように、地震後の一九年ぶりの豪雪と春先の大量の融雪で、被害がさらに拡大しました。

地震による中山間地のこのような被害は、中越地域だけに限られたものではなく、これからの地震による災害として、全国に広く共通した問題でもあります。

中越での中山間地農業は、地すべりでできた緩い斜面を棚田として開発したものです。またこの地域は錦鯉の生産地で、これを育てる池が多いこともこの地域の特徴です。

写真４－１　塩谷の地すべり（小千谷市）

写真４－２　西吉谷の地すべり（小千谷市）

一、地すべり多発地帯とその背景

新潟地域は、日本列島有数の地すべり地帯として知られています。全国の約二割の地すべりが新潟で発生するといわれます。そのなかでも山古志村（現長岡市）は、東頸城、西頸城と並んで県内でも有数の地すべり多発地域です（図4-1）。

地すべりは数万年にわたって断続的に活動を繰り返すことが大きな特徴で、今後も活動する可能性を持つ古い地すべりが「地すべり地形」として、経験者にはわりあい簡単に識別ができます。山古志村（現長岡市）には、この地すべり地形が至る所で見られ、地すべり地形でない部分はごくわずかです。外国からの地すべり研究者をここに案内すると、皆一様に驚きの声を発するほどです。

新潟の地すべりは「第三紀層地すべり」と呼ばれるタイプのもので、もともともろい泥岩・砂岩からできた山地が古くから地すべりを繰り返してきたものです。

第二章で見たように、「フォッサマグナの海」で数千mの厚さで堆積した地層が、四〇〇万〜五〇〇万年前ごろから断層・褶曲活動を伴って隆起し、山地を形成しました。中越地域をはじめとする新潟の多くの地すべりは、このような地形と地質を背景（素因）としています。

この背景のもとで、今回の強い地震動によって、地すべり・山崩れが多発しました。古い地すべりの中にはかろうじて安定を保っているものも少なくありません。これらが、降雨、豪雪に伴う大量の

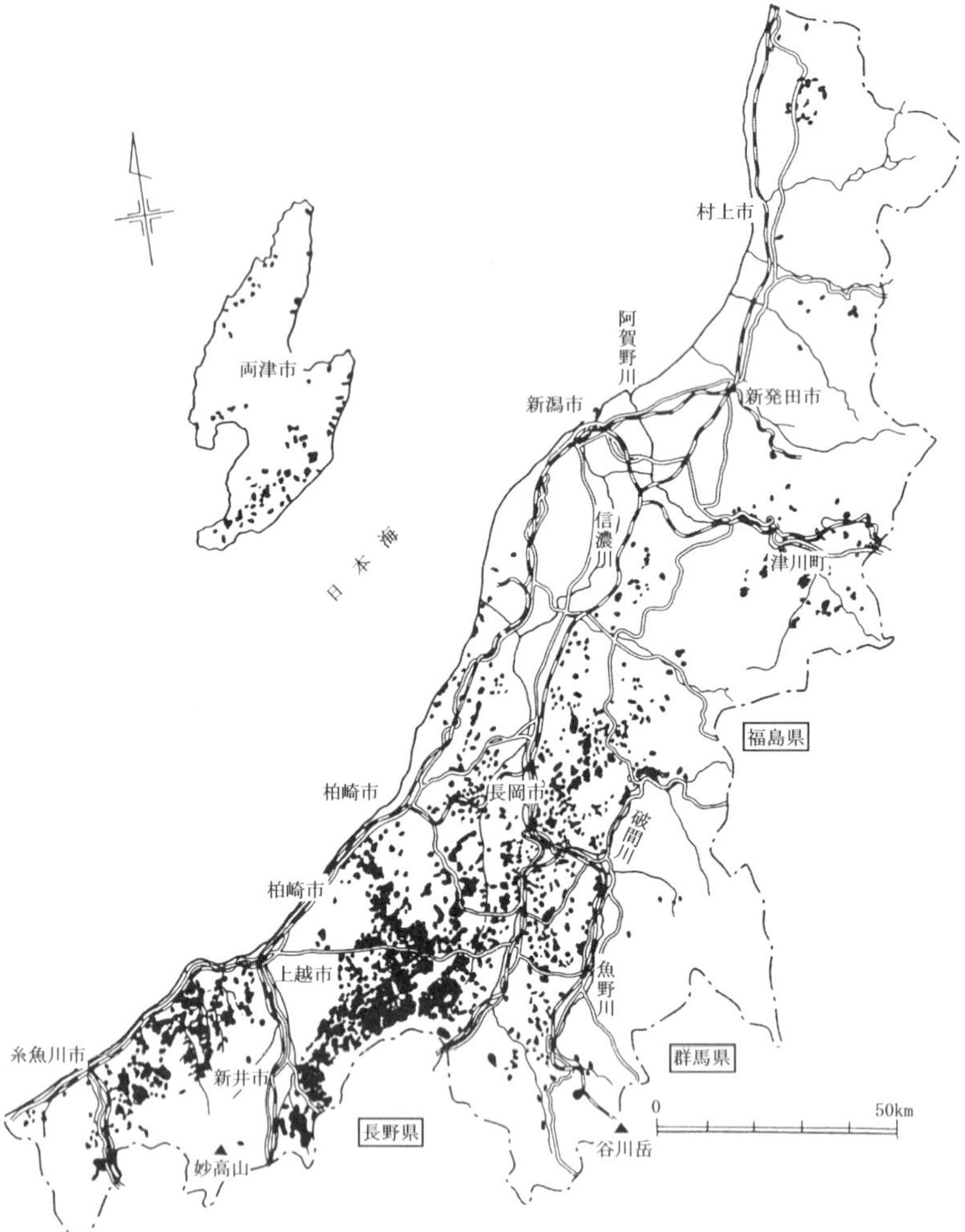

図4－1　新潟県の地すべり指定地分布図

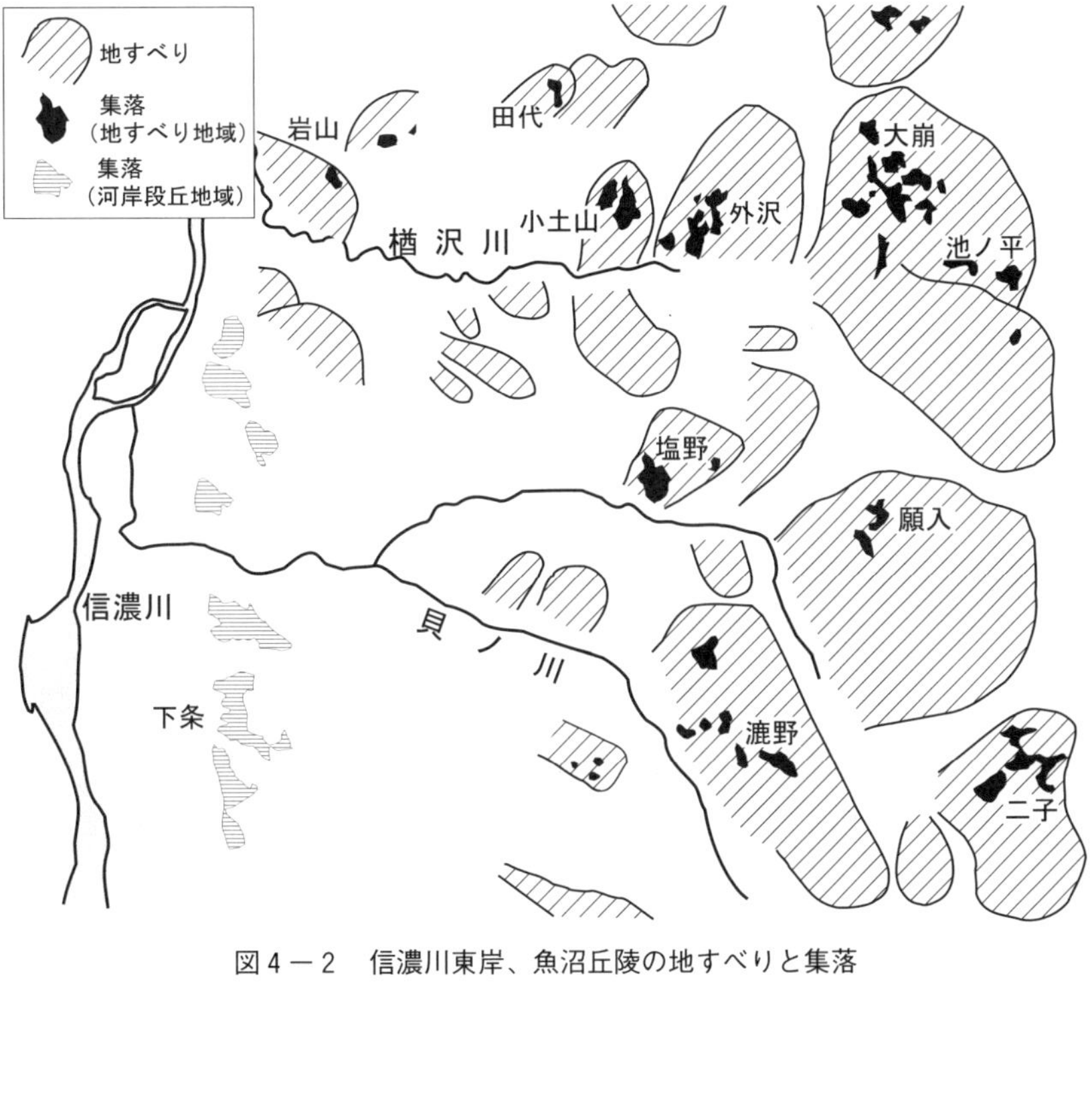

図４－２　信濃川東岸、魚沼丘陵の地すべりと集落

融雪、地震動、あるいは道路建設などの人為的な切り取りなどの「ヒキガネ（誘因）」で再活動します。

二、地すべり現象の「功と罪」

地すべり地に人が集まる―魚沼丘陵の集落と地すべり

まず図4-2を見てください。これは、信濃川の東岸・魚沼丘陵の一部で、空中写真解析をもとに大きな地すべり地形の範囲を示したものです。このほかにも規模の小さな地すべり地形は無数に存在します。

この図から明らかなように、信濃川沿いを除き、集落はすべてと言っても過言ではないほど、地すべり地形の内部に発達しています。これは昔の人々が地すべり地を選ぶように住みついたことを意味します。最悪の場合には命を失う恐れがある地すべり地を選ぶように人が住むとは一体どういうことでしょうか。

この問題については、すでに日本の地すべり研究のパイオニアである中村慶三郎氏と小出博氏の明快な指摘があります。二人は山地農林業の発展に果たしてきた地すべりの役割を重視しました。

これは地すべり地が①山地での緩斜面をなすこと②地下水が豊富なこと③土が地すべりによって深く撹拌《かくはん》されることによって肥沃な土壌がつくられること―の三つが挙げられています。

中村慶三郎氏は「山崩れが人を養う」という表現で、また小出博氏は、地すべりが私たちの生活にもたらす破壊性と、地すべり地の生産性を「地すべり現象の両面性」と呼んで、地すべりはこの両側面から明らかにする必要があると強調しています。

稲作地帯では、昔から「耕土一寸、米一石」といわれてきたそうです。これは水田を一寸（三㎝）深く耕すと、反収（一〇a当たりの収量）が一石（一五〇kg）増収するという言い伝えです。地すべりによる撹拌は地下数m～数十mに及び、自然が人に代わって深く耕す役割を担っています。地すべり地の棚田（写真4-3）はこれらの特徴を持っているのです。

北魚沼の東野名《ひがしのみょう》地すべりの調査のときに、破間川《あぶるまがわ》を挟んだ対岸の河成段丘面に水田を持つ老人が「少し大げさだが、川向こうの地すべり地では、コメはこちらの倍の収穫がある」と話してくれました。

全国ブランドの魚沼コシヒカリの中でも、特においしいコシヒカリは地すべり地で生産されたものだ、という話も聞きます。稲作に加えて、他の雑穀、果樹、林業などについても、地すべり地の生産力が高いという指摘もあります。

ただし、その一方で地すべり地は傾斜地であるため、一般に耕地面積が小さく、多くの労力を必要とします。地すべり地での農業の発展はこのような不利な条件の克服の歴史も秘めています。

写真４－３　棚田（山古志・虫亀地区）

写真４－４　棚田の雪景色（山古志　写真／中條均紀氏）

写真４－５　インドネシア、ジャワ島中部

地すべり現象の両面性

小出博氏の指摘を具体的に理解するために、地すべりの運動と、運動によって造られる地形・移動（地すべり）物質に分けて検討してみましょう。災害をもたらすのはもっぱら運動の破壊作用です。ただし、地すべり運動のすべてが災害をもたらすものではなく、私たちの生活と無縁のところで運動が起こっても災害とはならず、また移動速度が非常に遅い場合には、災害として認識されないこともあります。一方、移動物質は動かなければ災害と無縁の存在で、むしろ前に述べたように、山地農業にとって「資源」としての側面を持ちます。

そのため、地すべり地の多くでは、被害を受けながらも、昔からその「資源」を利用するために人が住みつき、その時々の技術・経済水準に応じた開発と対策の長い歴史を持っています。この意味で、地すべり地の農地・棚田は人と自然の働きかけの交互作用の結果としての歴史的産物です（写真4－4）。図4－2はこの歴史を表現したものとみることができます。

もちろん、地すべり地が農地として有効に利用されていることは日本だけに限られたものではありません。イタリア、中国、インドネシア（写真4－5）、ネパールなど、その状況を観察することができます。

山地の水がめ

地すべり移動物質は山地における「水がめ」の役割も持っています。新潟に分布する「フォッサマグナの海」で堆積した泥岩は、一般にはほとんど水を通さず、地下水の保水能力はきわめて小さいものです。しかし、この泥岩の分布域には地すべりが多く、そこでは多くの湧水が農業と生活に利用されています。さらに地すべり防止のための排水施設の地下水が利用されることも珍しくありません。この地下水は地すべり移動物質の破砕・亀裂部に貯留されたものです。地すべり地の地下水は、地すべり活動を促進する有害なものとしての一面が強調されていますが、見方を変えれば重要な資源でもあるのです。

一般には、地すべりの破壊性・災害の側面だけが強調されがちですが、私たちの生活と関連した多くの側面から地すべりをとらえ直すことも必要ではないでしょうか。

越後平野の開発・苦闘の歴史

ところで、いまでは一面に見事な水田が広がる越後平野に目を転じてみましょう。ここでも、人と自然の長い闘いの歴史があります。その経過からも、中山間地が古くから稲作の適地として重要な位置を占めたことが容易に分かります。越後平野の開発の歴史を大急ぎで見てみましょう。

越後平野では約一〇〇年ほど前までは、平均して四年に一度大きな洪水を経験したといわれています。一八九六（明治二九）年七月の信濃川の大洪水「横田切れ」で、西蒲原一帯が約九〇日間にわ

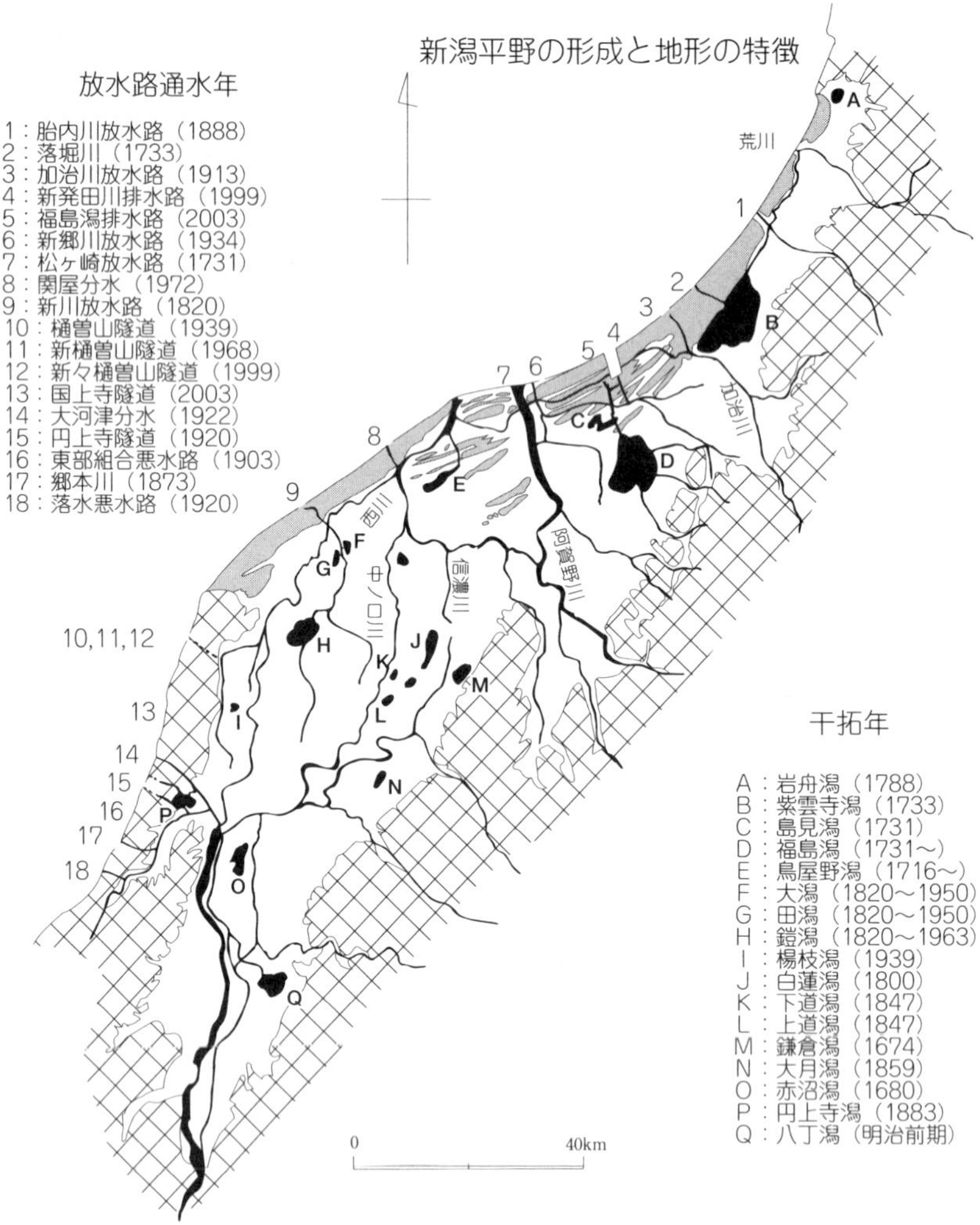
新潟平野の形成と地形の特徴
放水路通水年
1：胎内川放水路（1888）
2：落堀川（1733）
3：加治川放水路（1913）
4：新発田川排水路（1999）
5：福島潟排水路（2003）
6：新郷川放水路（1934）
7：松ヶ崎放水路（1731）
8：関屋分水（1972）
9：新川放水路（1820）
10：樋曽山隧道（1939）
11：新樋曽山隧道（1968）
12：新々樋曽山隧道（1999）
13：国上寺隧道（2003）
14：大河津分水（1922）
15：円上寺隧道（1920）
16：東部組合悪水路（1903）
17：郷本川（1873）
18：落水悪水路（1920）
干拓年
A：岩舟潟（1788）
B：紫雲寺潟（1733）
C：島見潟（1731）
D：福島潟（1731～）
E：鳥屋野潟（1716～）
F：大潟（1820～1950）
G：田潟（1820～1950）
H：鎧潟（1820～1963）
I：楊枝潟（1939）
J：白蓮潟（1800）
K：下道潟（1847）
L：上道潟（1847）
M：鎌倉潟（1674）
N：大月潟（1859）
O：赤沼潟（1680）
P：円上寺潟（1883）
Q：八丁潟（明治前期）
荒川
加治川
阿賀野川
信濃川
中ノ口川
西川
10,11,12
0
40km

図４－３　新潟平野の潟と放水路（大熊、1979に追加）

たって水没したことが知られています。稲作の大切な時期に洪水の被害を受け、収穫をあきらめざるを得なかった年が珍しくなかったわけです。

越後平野は洪水に加えて、日常的には排水不良と用水不足の両面で悩まされ続け、その象徴として、葦沼とも呼ばれた亀田郷開発の苦闘の歴史も広く知られています。越後平野における治水の変遷と開発の歴史は新潟大学工学部の大熊孝さんによって詳しくまとめられています。

現在の越後平野は大河津分水をはじめ多くの放水路の開削と機械排水によって人工的に開発されたものです（図4-3）。越後平野の面積規模で、このように多くの放水路が建設されているのは世界的にも例がないということです。これらの越後平野の特徴は、第二章で見たように、沈降運動が反映されたものです。

越後平野の開発が本格化したのは江戸時代中期からとされます。大河津分水の竣工が一九二一（大正一〇）年で、さらに開発は戦後まで続き、亀田郷が葦沼状態から脱したのが一九四八（昭和二三）年、乾田化は一九五七（昭和三二）年です。鎧潟が全面干拓したのが一九六三（昭和三八）年です。享保年間（一七一六〜一七三六）の開発開始から実に二〇〇年以上にわたるものでした。

三、中山間地農業と環境・国土保全―中山間地の復興―

私たちは、前に述べた「地すべり資源」を有効に活用することが、地域の自然環境保護と国土保全につながると考えています。人の目が届き、適切な手が加わることが、地すべり災害の防止も含めて、環境保護と国土保全の基本と思います。「心のふるさと」とも「日本の原風景」ともいわれ、人々を引き付ける棚田の景観はこのようにしてつくられ、守られてきたものです。

表4−1（農業・森林の多面的機能）は、二〇〇一（平成一三）年に日本学術会議の答申をもとに、農林水産省が全国の農業と森林の多面的（環境・国土保全）機能を試算したものです。その評価額は農業が約八兆円、森林が約七〇兆円と見積もられています。驚くべき機能と言わざるを得ません。中山間地がこのうちのかなりの割合を占めていることは確実でしょう。

社会・経済情勢が変化しても地すべり地の農林・水資源に対しての有用性が変わるものではありません。日本の農業、特に中山間地農業の問題を「市場原理」や「経済効率」の視点だけで割り切ってよいものでしょうか。この点について、ヨーロッパでの農業政策との比較で見てみましょう。

スイスの山地農業と国土保全

アルプスの山国スイスでは、憲法で食料の自給と山地の自然環境を保障して、山間地の家族経営農家に、そこでの生活が成り立つように手厚い保護をしているそうです。これは、山地農業が果たす自然保護と国土保全、食料生産の役割を重視して、それに対する正当な補償を行うという政策で、オーストリアでも基本的に同じ政策を取っているそうです。

このようにしてあの美しい自然が保たれ、それが観光資源としても生かされているのでしょう。ところで、あの美しい風景—雄大なアルプスを背景にした緑の牧草地と牛、端正な住居—は、同時にここでの農業がいかに厳しいものであるかを示しています。

アルプスの谷は氷河で削られたU字谷で、緩斜面の牧草地は氷河によって運ばれた石ころだらけの堆積物でやせた土です。そのうえ高緯度（日本の近くではサハリンと同緯度）、標高も高い寒冷地なのです。おそらく、草ぐらいしか生えない土地が大部分なのではないでしょうか。

スイスでは、このような条件の下で、牧草を育て牛を飼って生活をしています。しかし、これだけでは生計が成り立たないために、国の補償を憲法で定めたのでしょう。食料自給と国土保全のために、山間地で住んで農業をやってもらう。「市場原理」の観点からでは計り得ない国民的合意がなければ実現しないことでしょう。

アルプスの氷河で運ばれた堆積物からできた土地での農業に比べたら、日本の、中越地域の中山間地、特に地すべり地の農業生産力は比較にならないほど大きなものです。

先進国の食料政策

フランスの故ドゴール大統領は「食料を自給できない国は独立国ではない」と語ったそうです。長く戦争が続いたヨーロッパの歴史から発せられた重みのある言葉です。

農業の多面的機能の貨幣評価（全国）（億円／年）

項　　目	評価額
洪水防止	34,988
水資源涵養	15,170
土壌浸食防止	3,318
土砂崩壊防止	4,782
有機性廃棄物処理	123
気候緩和	87
保健休養・やすらぎ	23,758
大気浄化	—
合　　計	82,226

森林の多面的機能の貨幣評価（全国）（億円／年）

項　　目	評価額
二酸化炭素吸収	12,391
表面侵食防止	282,565
表層崩壊防止	84,421
洪水緩和	64,686
水資源貯留	87,407
水質浄化	146,361
化石燃料代替	2,261
保健・レクリエーション（うち保養）	22,546
野生鳥獣保護	—
大気浄化	—
合　　計	702,638

表４－１　農業・森林の多目的機能

	1961	1971	1981	1991	1996	1997	1998	1999	2000	2001
カナダ	126	164	208	223	194	169	158	163	164	142
フランス	116	161	173	214	201	198	209	194	191	175
アメリカ	115	135	184	126	137	137	141	134	133	127
ドイツ	63	78	82	126	119	133	122	132	126	132
イギリス	53	65	106	122	125	111	108	105	112	88
イタリア	81	71	80	87	85	83	88	85	84	80
スイス	34	34	39	64	68	63	66	57	61	63
日本	75	46	33	29	29	28	27	27	28	28

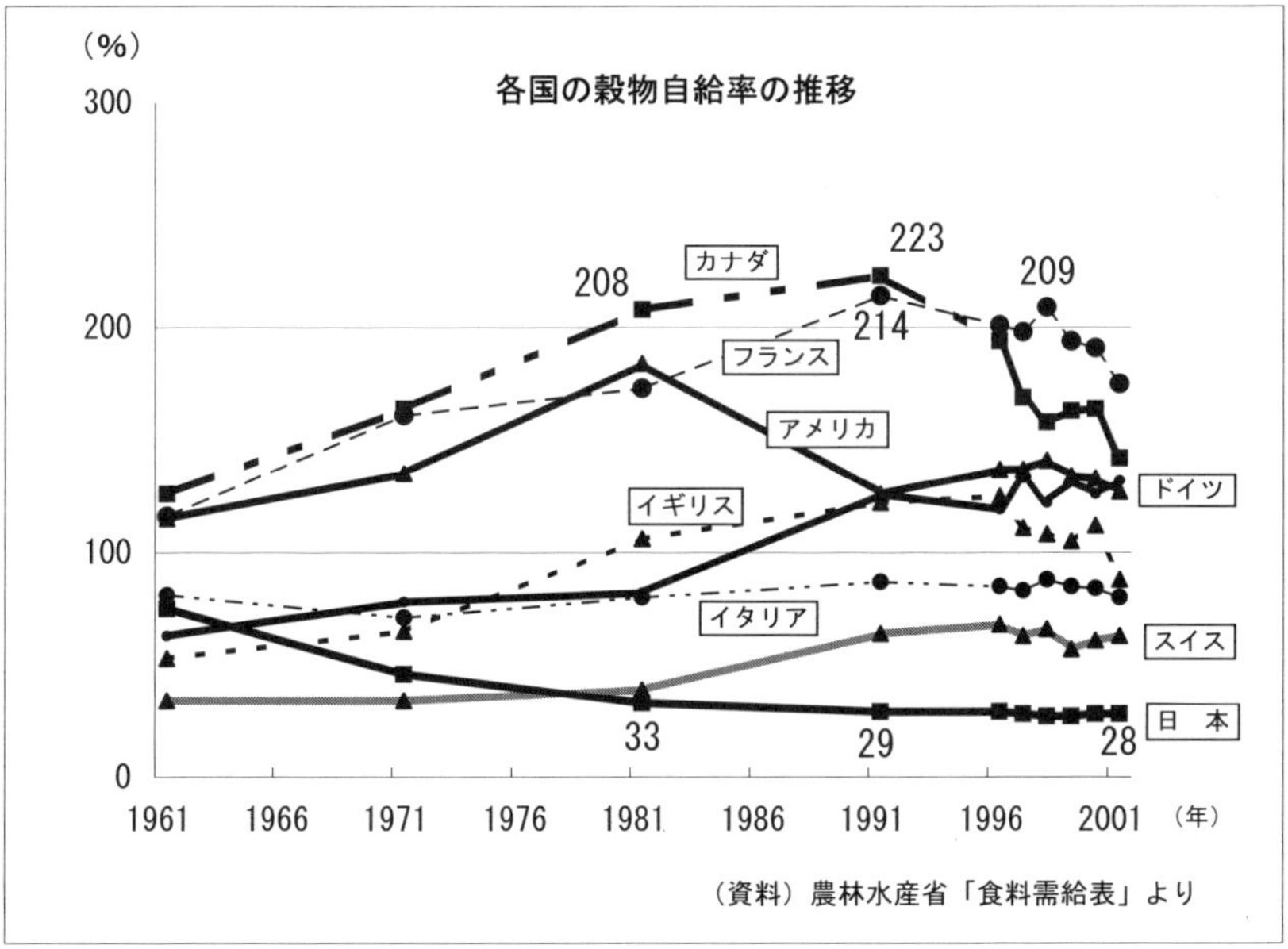

図４－４　各国の穀物自給率の推移

この言葉どおり、二〇〇一（平成一三）年度のフランスの穀物自給率は一七五％です（図4-4：資料農林水産省「食料需給表」をもとに作成）。一九六一（昭和三六）年からの推移を示したこのグラフは実に多くの示唆に富むものです。カナダ、ドイツ、アメリカ、イギリスは一〇〇％を超えています。いわゆる先進国と呼ばれる国は、例外なく農業を国の基本と位置付けていることが分かります。右で見た農業条件が厳しいスイスでさえも、一九八〇―九〇年代を通じて穀物自給率を伸ばしています。

これに対し、日本の穀物自給率は二八％（二〇〇二年度は二七％：農水省資料）という低さです。先進国の中で日本だけが異常な低さなのです。

中山間地の復興

中越地震で大きな被害を受けた中山間地は、過疎化・高齢化が進み、復旧・復興も非常に厳しい状況にあります。その中でも希望を失わずに頑張っている人が少なくないことも事実です。闘牛や錦鯉をはじめ、この地域に固有の文化や伝統もあります。山古志で雪解けを追いかけるカタクリや黄色のオオバキスミレは、そのかれんな美しさで私たちを癒やしてくれます。

小国町（現長岡市）は中越地震の前から新潟大学農学部と協定を結び、中山間地農業の確立を目指した先進的な取り組みを始めています。

繰り返しますが日本の中山間地は、ヨーロッパ諸国との比較で見ても、農地としての自然条件ははるかに恵まれたものです。食料自給と国土保全の問題を見ても、ヨーロッパ諸国の貴重な教訓・先例があります。

都市と農村の交流

最近、グリーンツーリズムという言葉を聞く機会が増えてきました。都市の住民が農山村に滞在して、自然や農業、文化などを体験する滞在型旅行の形態で、一九七〇年代以降にドイツ、フランス、イギリスなどで普及し、都市と農村の交流、農村地域の収入増加などに効果を挙げているそうです。旅行者が「長期」滞在をするために、自炊も可能な民宿機能を持つ農家もあります。快適な民宿機能を整えるための公的補助制度を持つ国もあると聞きます。

家族そろって農山村で長期間滞在し、都市での生活の疲れを癒やす。自炊も可能な民宿で、安く長い間滞在できる。約一カ月の休暇を取るというフランスのバカンスは、庶民でも可能な費用でなければ、あの伝統はできないでしょう。そこでは農業の手伝いもする。あるいは農業の現実に接する。子どもが家畜と触れ合い、出産の場に立ち会うこともあるでしょう。大人もここでのリフレッシュを楽しみに都市での生活を頑張る。

こうして、子どものころから農業、農村が大切であることを肌で実感する。ここに農業に対する国民的な合意が形成される基礎があるのでしょう。

第五章　災害は「弱点」を的確に突いてくる

災害は、自然と社会の「弱点」を実に的確に、鋭く突いてきます。これは私たちが災害の調査をするたびに、いつも教えられることです。例えば、一九六四（昭和三九）年の新潟地震では、海岸平野部の軟弱地盤と「ゼロメートル地帯」、そこでの石油コンビナートが「弱点」として突かれ、一九九五（平成七）年の阪神・淡路大震災では、活断層の上に立地する都市、地震予知の問題、「技術（過信）神話」などが突かれました。

中越地震は、地盤災害が一つの特徴で、日ごろは見過ごされがちな地盤の「弱点」が、集中的に突かれたように思います。この章では「中越地震の教訓」として、地盤を中心にこの問題について考えてみましょう。

一、地盤の弱点

地下の浅いところに「弱い地盤」があるところは、地震被害が大きくなります。「弱い地盤」とは、建物を支持する力（支持力）が小さく、わずかな力で変形してしまう地盤です。中でも、地下水位が浅く、緩い砂地盤のところは液状化が生じやすいのです。「弱い地盤」には自然にできた地盤（以下、自然地盤）と、人工的に造られた地盤（以下、人工地盤）があります。今回の地震で建物に大きな被害

表５－１　建物に被害が集中した「弱い地盤」

	地形の特徴	地盤の特徴	代表的な被災地域
自然地盤	沖積低地	・軟らかい粘土、ゆるい砂、泥炭が厚い（軟弱地盤） ・地下水位が高い	川口町市街地、長岡市柿川流域、柏崎市佐藤池、刈羽村刈羽
	扇状地状緩斜面	・軟らかい粘土が厚い（軟弱地盤）	小千谷市時水、打越
	地すべり地	・末端部や側部の比較的急傾斜なところ ・地下水位が高い	山古志村全域、小千谷市十二平、長岡市太田地区、長岡市鶴ケ丘団地
人工地盤（盛り土）	丘陵部大規模造成地	・とくに盛り土の末端や切り土と盛り土の境界 ・排水不良	長岡市高町団地
	旧谷・旧河道部の埋め立て地	・緩い砂・軟らかい粘土（軟弱地盤） ・地下水位高く、排水不良	長岡市悠久山周辺、見附市刈谷田川旧河道部、小千谷市土川
	急傾斜地の石積擁壁	・擁壁の背面は盛り土が多い	小千谷市日吉町、長岡市東部丘陵沿い

が生じた「弱い地盤」は表5−1のようにまとめられます。

すでに第一章で述べたように、山古志村（現長岡市）や川口町の激震ゾーンでの被害は甚大で、中越地震の地盤災害の象徴的なものです。これに加えて中越地域全体では、次の二つの大きな特徴が見えてきます。一つは人工地盤（盛り土）の被害、もう一つは自然地盤・人工地盤を含めて、震源地から離れた地域で「飛び地的」被害が生じたことです。

盛り土地盤の被害

盛り土地盤で被害が大きかったのが、新興住宅地です。すなわち、長岡市東部の新興住宅地（悠久山周辺や高町団地）、長岡市西部の長岡ニュータウン（青葉台や陽光台）で、柏崎市の朝日ケ丘団地など震源地から離れた団地でも被害が出ました。柏崎市の朝日ケ丘団地は、人工地盤の「飛び地的」被害の一例といえるでしょう。

大規模造成地の被害—長岡市高町団地

高町団地は、長岡市東方の丘陵に二五年前ごろに造成された団地で、その範囲は延長一二〇〇m、幅三〇〇mに及びます。住宅は北部から南部に分譲・建設が進み、現在約五〇〇棟の住宅が建てられています。造成前の地形図では、ここは標高が八〇〜九〇mのなだらかな丘陵であったことが分かり

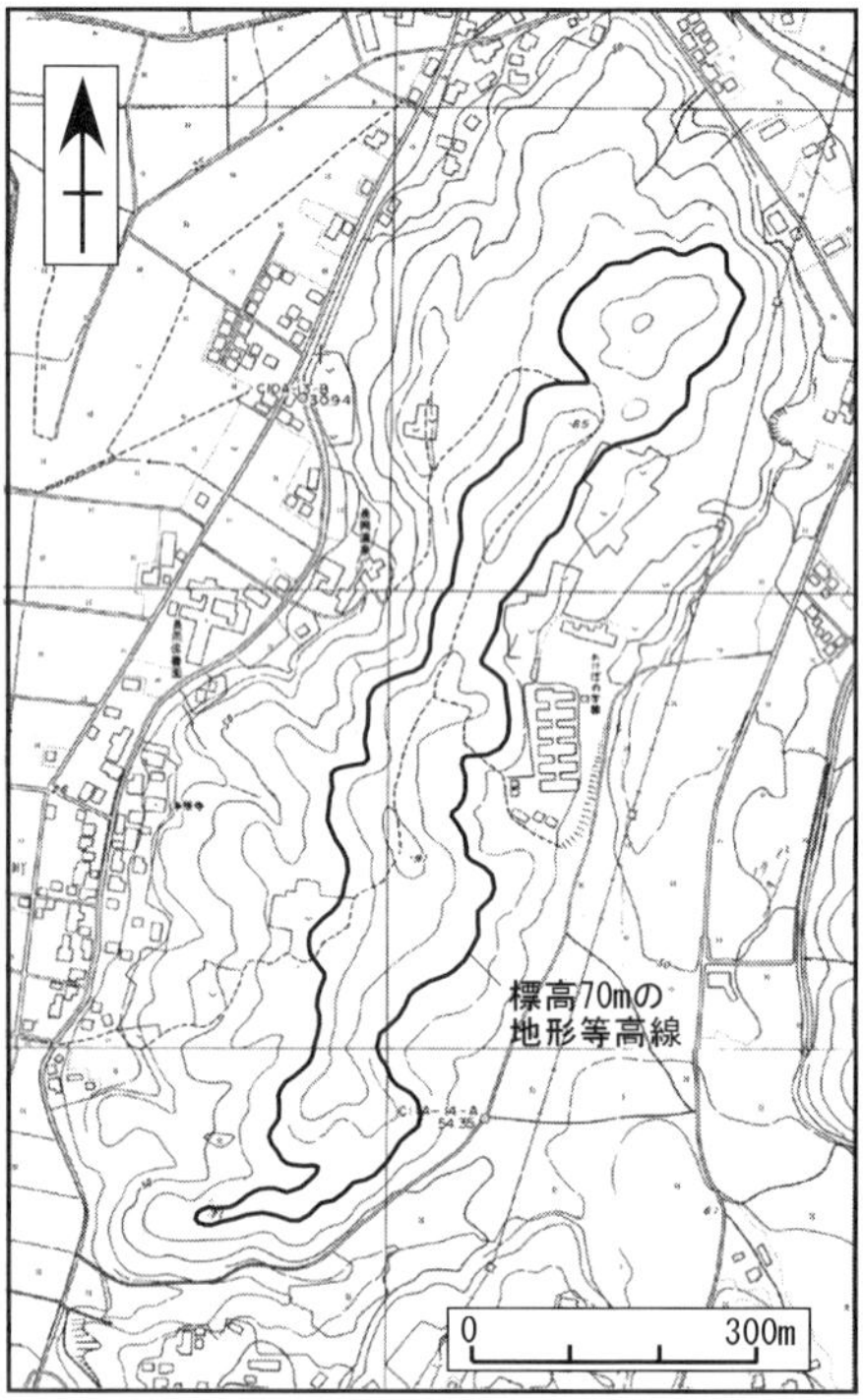

造成前の地形図（長岡市森林基本図，1973年測量による）

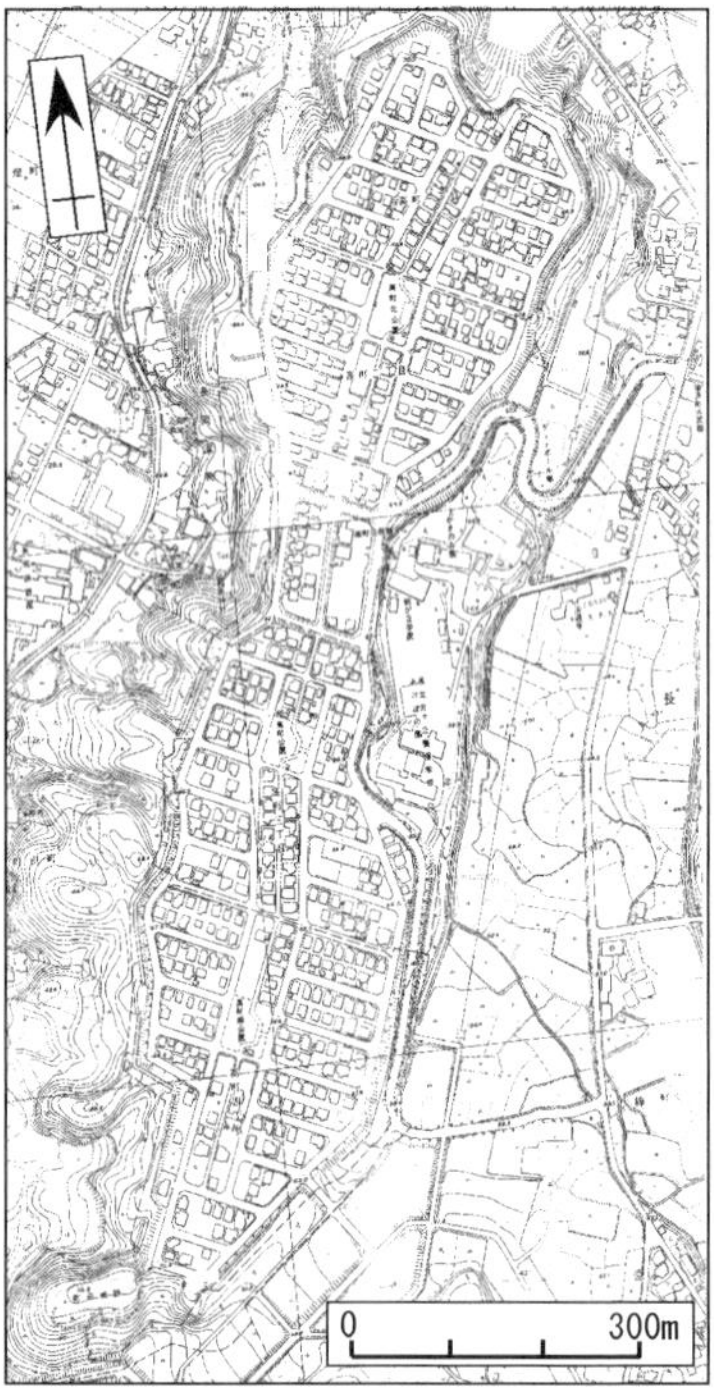

現在の地形図（長岡市発行，2,500分の1国土基本図による）

図５－１　高町団地　造成前と現在の地形図との比較

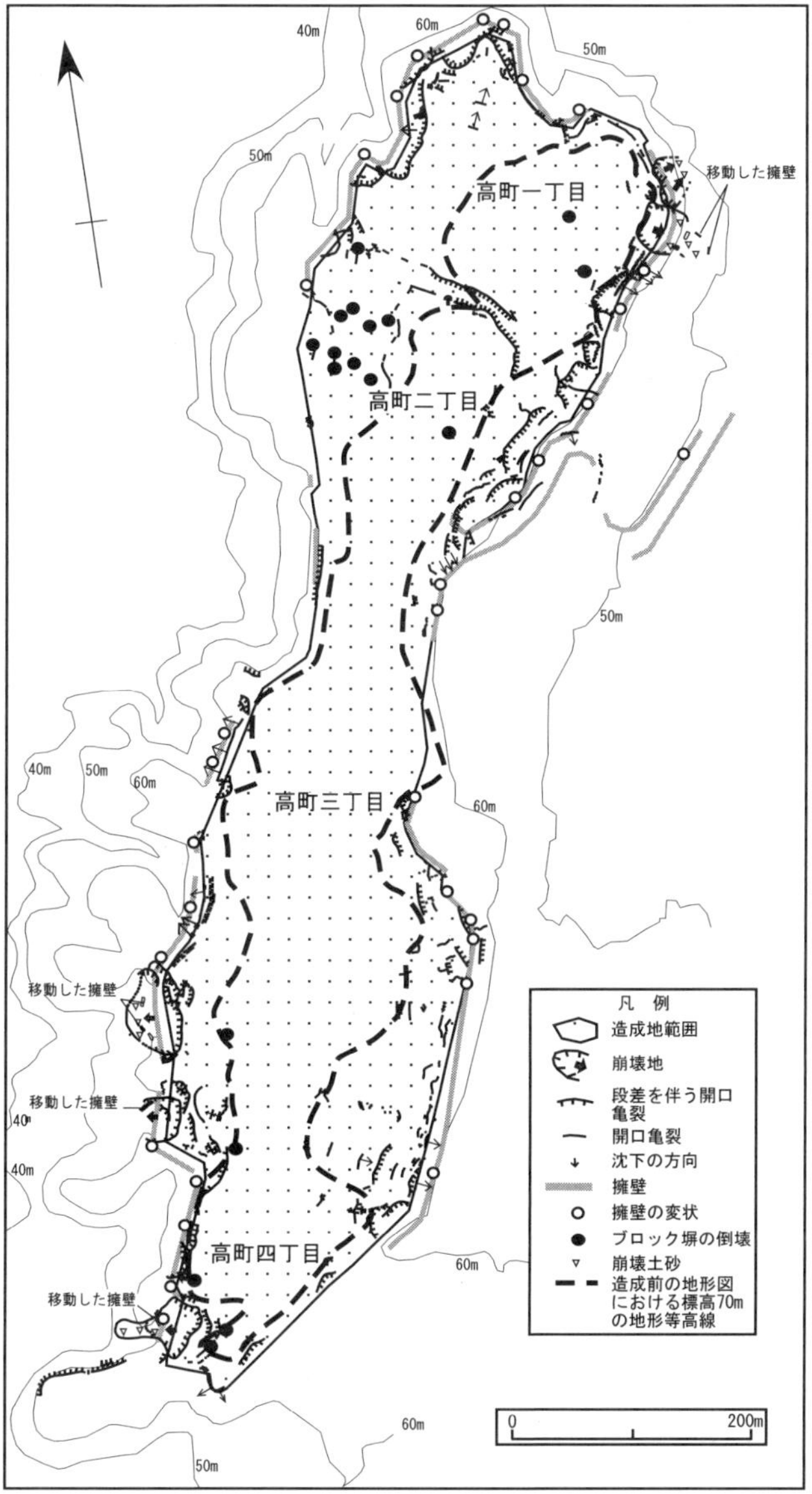

図５－２　高町団地　被災状況図

写真５－１　高町団地　敷地内の亀裂

写真５－２　高町団地　消雪管の破損

写真５－３　高町団地　擁壁の押し出し

写真５－４　高町団地　団地外周部で見られた崩壊

ます（図5−1）。現在の団地の標高はほぼ七〇mですから、図5−2に旧地形図の標高七〇mラインを重ねると、七〇mラインの外側は盛り土、内側は切り土ということが分かります。団地外周部の盛り土地盤は、高さ四〜六mのコンクリートやブロックの擁壁で保護されています。

高町団地の地盤被害は法面《のりめん》（人工的に造られた斜面）の崩壊、アスファルト舗装や住宅の基礎コンクリート部の開口亀裂、ブロック塀の倒壊、住宅の柱や壁の変形、擁壁の押し出し、消雪パイプの切断など多岐にわたりました（写真5−1〜5−4）。主な被害の分布は図5−2のとおりです。被害は外周部のほぼ全域に広がっており、北部の高町北公園周辺では団地中央部に幅の狭い沈下帯が出現しました。被害の範囲は北西部と南東部で広く、外周部から内側に最大で八〇mにも及んでいます。

地盤被害の有無の境界は、旧地形図の標高七〇mラインと一致します。高町団地での被害は、まさに「盛り土地盤の弱点」が突かれたものでした。切り土部の地層は十分な支持力があり、とくに目立つ地盤被害はありませんでした。

また、盛り土の厚さは最大で一〇mに及び、北西部と南東部では盛り土面積が切り土面積にほぼ近いことも分かりました。さらに、高町北公園周辺の狭長な沈下帯は、旧地形図ではコブ状の尾根間の沢筋に当たり、この地域では中央部まで沢筋を埋めた盛り土が分布するものとみられます。

宅地が崩壊した地点も五カ所に及び、そこでは外周部の擁壁が三〇mも外側に移動しました（写真5−4）。擁壁には水抜き孔《あな》がありましたが、水はけが悪い構造でした。ここの盛り土は、水を通しにくい粘土が主で、また水を含むと泥状になりやすい材料です。長岡では地震三日前の一〇月二〇日の台風二三号によって一〇二㎜の日降水量が記録されています（アメダス資料、気象庁月報、二〇〇四年一〇月）。擁壁を支えていた切り土部分は水を通しにくく、盛り土が水を含み、かつ擁壁の水はけが悪いため、擁壁がダムの役割を果し、これが地震動によって崩壊したとみられます。

危険宅地　被災した家屋は、被災宅地危険度判定士によって「危険宅地」のステッカーが張られた。被災宅地危険度判定士制度は、一九九五（平成七）年の阪神・淡路大震災によって宅地の擁壁や法面に大きな被害が生じたことをきっかけとして、一九九九（平成一一）年一〇月に発足した。被災宅地危険度判定士は、大規模な地震や大雨で宅地が広範囲に被害を受けた際、被害状況を早急・的確に把握して、被災した宅地の危険度の判定（危険宅地＝赤紙、要注意宅地＝黄紙、調査済み宅地＝青紙）を実施する技術者である。なお、建物の危険度を判定する応急危険度判定士は、建物を使用できるか否かを判断する（危険＝赤紙、要注意＝黄紙、調査済み＝緑紙の判定）技術者で、市町村長や都道府県知事の要請によって建築技術者がボランティアで行っている。

丘陵部の谷埋め盛り土の被害―長岡市悠久山周辺

悠久山周辺の造成地（西片貝町や中沢町）では、かつて谷であったところが埋め立てられた場所（谷埋め盛り土）に被害が出ました。地盤の傾斜は緩いのですが、家屋や道路に亀裂が生じ、亀裂沿いに支柱が二〇㎝も移動したところもあります（写真5-5）。悠久山周辺は近年宅地化が進んだところで、一九六九（昭和四四）年と一九九六（平成八）年発行の地形図を比較すると、丘陵の周辺部で宅地が増加したことが見て取れます（図5-3）。地元の人の話では、西片貝町では谷を埋めるために、砂や粘土などさまざまな土砂が盛り土材料として使用されたとのことです。また、この地域では現在も湿地が残っており、雨が降ると敷地に水がたまり、普段から地下水位が高いところです。ここでは噴砂の痕跡が各所に見られることから、液状化によって地盤が側方に流動したものと判断できます。

旧河道部の谷埋め盛り土の被害―見附市市街地

見附市の市街地南部の葛巻二丁目、南本町、嶺崎二丁目、月見台一丁目などでは、狭い帯状の範囲に噴砂、地割れ、家屋の傾斜およびビルの抜け上がり（地盤が沈み、建物などが浮きあがったようにみえる現象）などの被害が出ました（写真5-6）。この地域は七月一三日の豪雨によって、刈谷田川が数カ所で越流し、浸水による被害が生じたところで、不運にも一年に二回の災害に遭ってしまいました。坂東和郎さんたちは被害を詳しく調査し、被害が刈谷田川の旧河道沿いの埋め立て地に集中していることを明らかにしました。一九一一（明治四四）年測量、一九一四（大正三）年発行の地形図では、現在の市街地には蛇行して流れる刈谷田川の旧河道がくっきりと表れています（図5−4）。この旧河道は一九七二（昭和四七）年までに段階的に埋め立てられたとされています。埋め立て地では地下水位が高く、埋め立てに使用された砂が液状化したものとみられます。

トンネル埋め戻し部の被害—十日町市ほくほく線

十日町市駅南東方の美雪町など四地区では、北越急行・ほくほく線十日町トンネルの直上で地盤が沈下して、亀裂や噴砂が発生し、多くの住家が傾斜するなどの被害が出ました（写真5−7）。地盤の沈下は地下のトンネルに沿って幅一〇m程度に見られ、まさしくトンネルの真上の部分が選択的に被害を受けたといえます。十日町トンネルは浅いため、地表から縦穴を掘削して、トンネル部分をつくるという開削工法が取られていました。このため、トンネルの上は、掘った土砂などで埋め戻されています。この埋め戻し部分に被害が集中しました。

道路盛り土の崩壊

中山間地の道路の盛り土地盤も集中的な被害を受け、各地の交通網が寸断されました。山古志村（現長岡市）でも、自然斜面の地すべり・山崩れに加えて、谷部の道路盛り土の崩壊が至る所で発生

写真５－５　悠久山周辺の造成地での被害

写真５－６　見附市市街地南部での噴砂

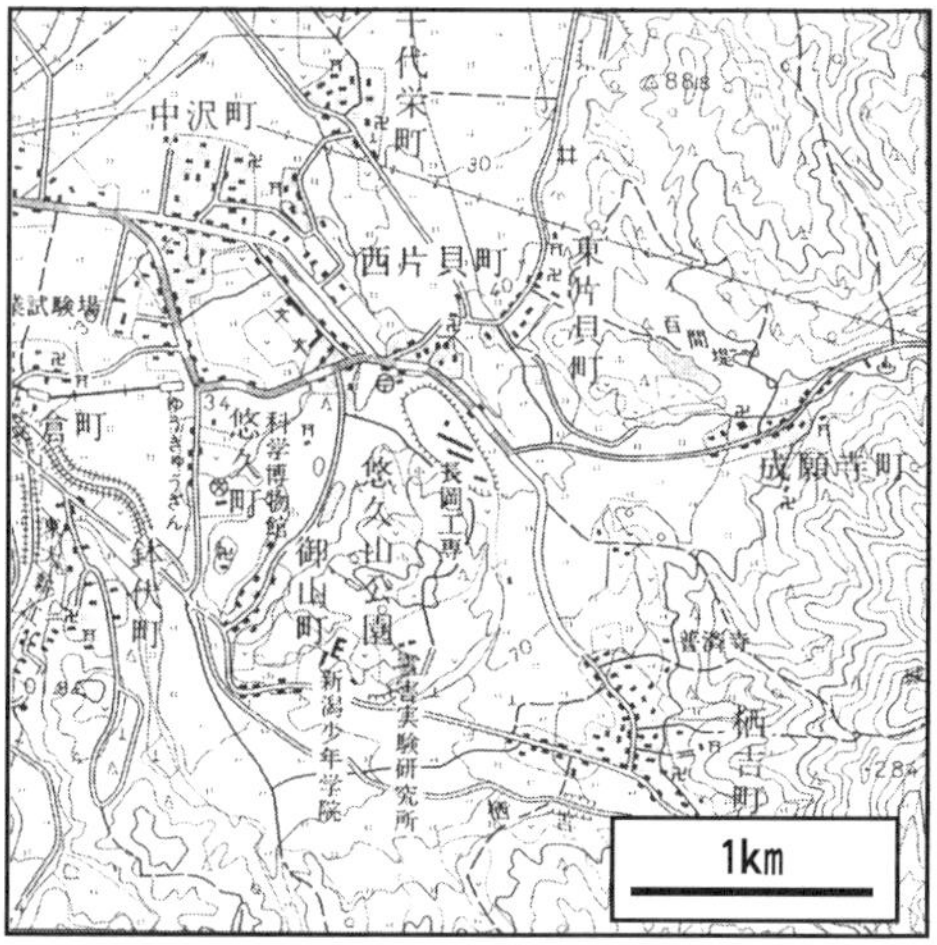

昭和44年発行地形図
（国土地理院発行，1/50,000地形図「長岡」による）

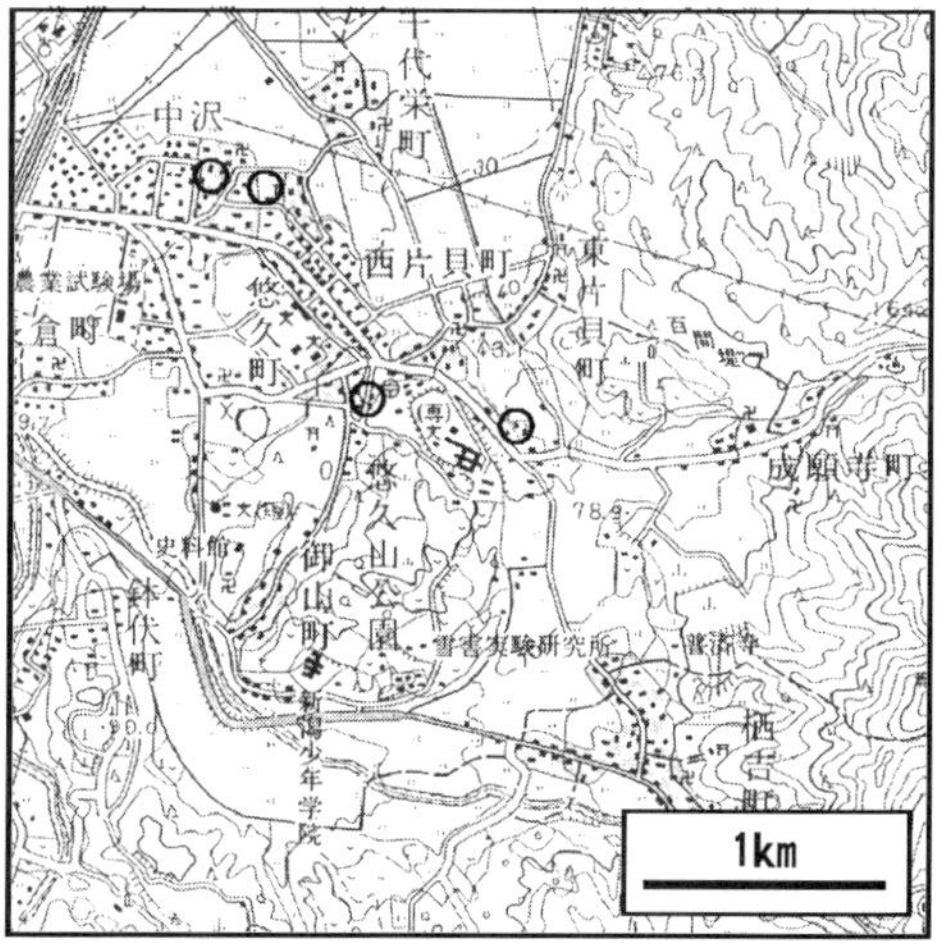

平成８年発行地形図
（国土地理院発行，1/50,000地形図「長岡」による）
○は被害の顕著な地点

図５－３　悠久山周辺の宅地化

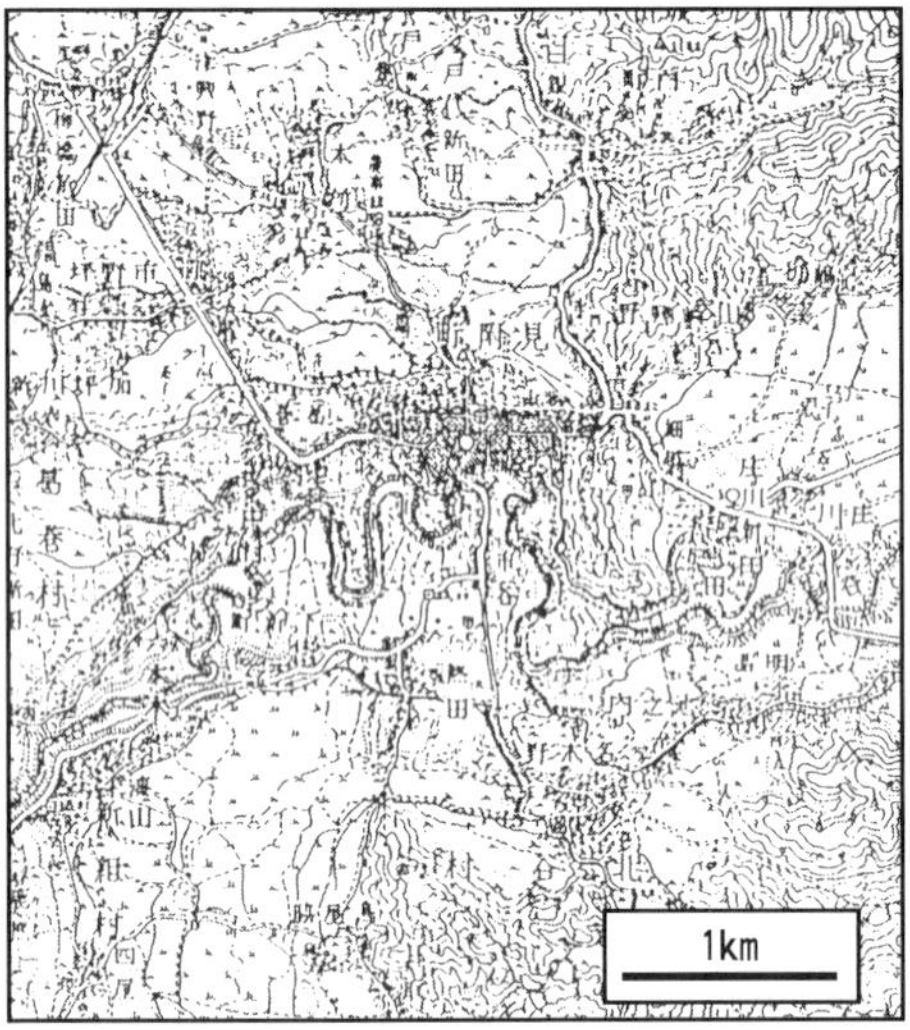

大正3年発行地形図（1/50,000地形図「三条」による）

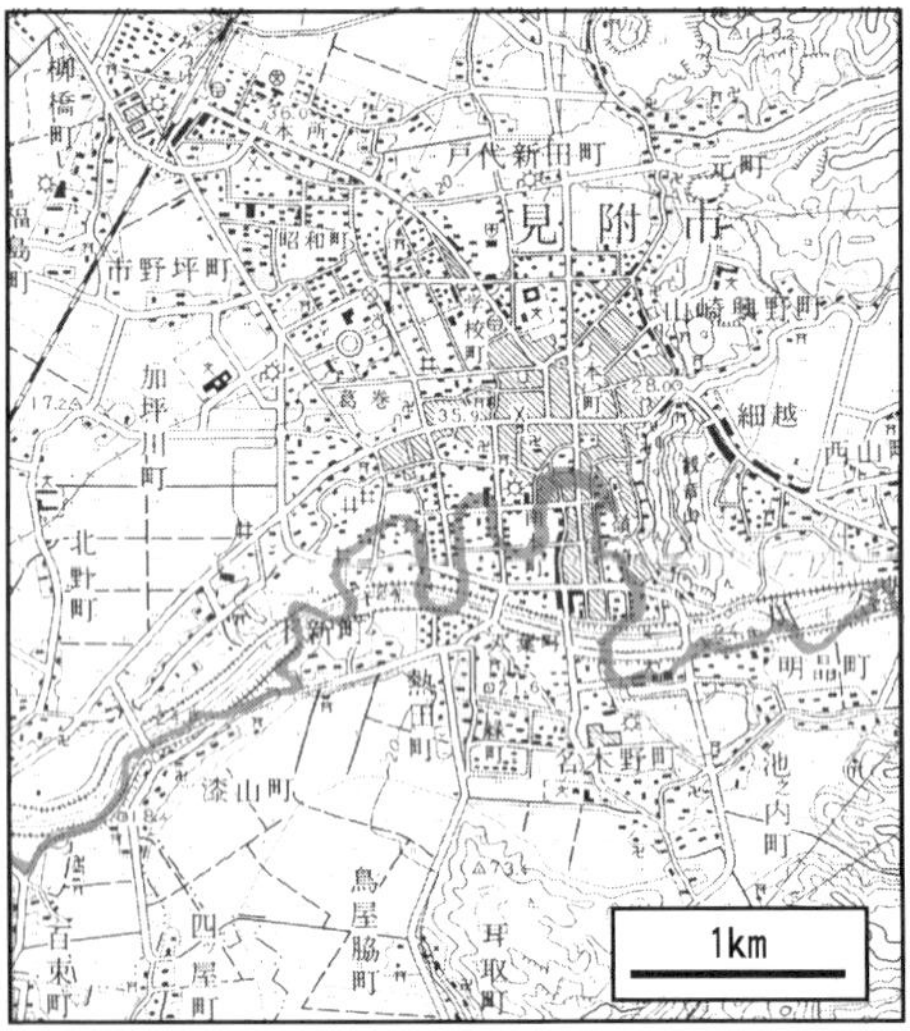

平成8年発行地形図
（国土地理院発行，1/50,000地形図「三条」による）
影は大正時の刈谷田川の河道．

図５－４　刈谷田川旧河道比較

写真５－７　ほくほく線十日町トンネル直上での地盤沈下

写真５－８　法末新設道路の崩壊

しており、これが集落を孤立させた大きな原因にもなっています。
しかし、切り土の部分や地形に沿ってつくられた道路の被害は軽微でした。典型的な例として、小国町（現長岡市）法末では、集落に向かう新設道路の盛り土がことごとく崩壊しましたが、山地の地形に沿ってつくられていた旧道の被害はほとんどありませんでした（写真5-8）。

繰り返される人工地盤災害

人工地盤が地震時に大きな被害を受けることは、過去の地震の事例を見れば一目瞭然です。一九六四（昭和三九）年の新潟地震では新潟市内の信濃川沿いの低地で液状化現象が発生し、ビルが傾いたり、杭が折れたりする被害が出ました。信濃川は、一九二二（大正一一）年に大河津分水が通水してから、下流の川幅が縮小し、そこに広い埋め立て地が造られました。被害が集中した地域の一つは、これらの埋め立て地であったとされています。また、阪神・淡路大震災では、ポートアイランドなどの人工島や埋め立て地に造られた港湾施設を中心に液状化被害を受けました。

高町団地を典型とした丘陵造成地での盛り土が地震時に弱いということは、一九七八（昭和五三）年宮城県沖地震以来繰り返し指摘されてきたところです。宮城県沖地震では、仙台市緑ケ丘団地、鶴ケ谷団地で盛り土部が大きく崩壊し、市街地におけるブロック塀の倒壊とともに「新たな都市型災害」として注目されました。一九九四（平成六）年北海道東方沖地震では、軟弱地盤上に造成された盛り土が崩壊し、家屋が壊れるなどの被害が出ました。さらに、一九九五（平成七）年阪神・淡路大震災では西宮市仁川において、谷部の盛り土部分が大きく崩壊し、流出土砂が住宅を巻き込み多くの死者を出しました。

宅地造成　宅地の造成に関しては、宅地造成等規制法（一九六二年施行）や都市計画法（一九七〇年施行）によって一定の基準を満たすことが定められている。また、法律は何度も改定され、その都度基準は厳しくなっている。ただ、地震時に盛り土法面が安定かどうかの判定は、ようやく一九八九（平成元）年に改訂された指針（宅地防災マニュアル「改訂版」）で耐震対策の章が追加され、中程度の地震（供用期間中に一〜二度程度発生する確率のある地震）で宅地の機能に重大な支障が生じないことなどが指導されている。最近では盛り土の強度を増加させる工法も盛んに採用されるようになり、良質な盛り土材料を選択し、十分な管理を行えば地震に強い盛り土の施工も可能となった。また、今回の教訓として、被害が拡大している地下水位が高く排水の悪い個所は、排水対策に力を注ぐ必要がある。しかし、設計基準が低かった高度経済成長時代初期の造成地が、全国の都市周辺に広く分布している。今後は古い地形図などから盛り土範囲を調べ、それを住民に周知していくことも必要と思われる。

自然地盤の「飛び地的」被害―刈羽村の被害

刈羽村（震度五）では、震源地から約三〇kmも離れているにもかかわらず、一部の地域でかなりの被害が出ました。

刈羽駅周辺では、駅舎をはじめ家屋やビルが傾斜しました（写真5-9）。刈羽駅周辺は砂丘地が沖積平野（柏崎平野）に接する地点にあたり、柏崎市史資料集のボーリング柱状図では、地下約一八mまで緩い砂、軟らかい粘土および泥炭が堆積しています。泥炭は湿地などで木や草が未分解のまま堆積したもので、支持力が極めて小さいうえに、変形にも弱く、ダンプカーが走っただけで揺れてしまうやっかいな地盤です。また砂丘からの地下水の供給が多いため、地下水位も高く、緩い砂層が液状化し、液状化による側方流動（液状化地すべり）も見られました。

このような自然地盤の「弱点」は、次に見るように、中越地域に広く分布していますが、その「弱点」すべてが突かれたわけではなく、「偏在的」にまた震源地からかなり離れたところに「飛び地的」に出現しています。この現象には、第二章でのべた異常振動帯が深く関係しています。

自然地盤の「弱点」とは

谷沿いや平野（まとめて沖積平野といいます）には、周辺の山地や丘陵よりも新しい地層（一般に

写真５－９　刈羽駅での被害

一・八万年前以降に形成されたもの）が分布しており、沖積層と呼ばれます。沖積層の中でも、軟らかい粘土・緩い砂・泥炭は、支持力が不足したり、大きく変形したり、大きな土圧が発生したり、液状化が発生しやすかったりして、建物を建設する上での問題が発生しやすい地盤です。このような地盤は軟弱地盤と呼ばれます。

谷部や平野に堆積した沖積層でも、砂礫層やよく締まった砂層は地震時にも地盤の被害が少ない地層です。長岡市市街地の多くは、信濃川が運んだ砂礫層や砂層が厚く堆積した良好な地盤で、ここでの被害は比較的小さなものでした。しかし、軟弱地盤が厚く堆積している長岡市柿川沿いの低地では、木造住宅を中心に大きな被害が発生しました。

また、小千谷市の集落の多くは信濃川の河成段丘上に立地しています。河成段丘上でも砂礫地盤のところは被害が少なく、周辺の山地・丘陵からもたらされた砂や粘土が堆積している扇状地状緩斜面では被害が大きくなりました。粘土や泥炭では長周期の振動が発生し、木造家屋の固有振動周期に近いため共振しやすく、家屋被害が大きくなることが知られています。

また、今回の地震でも液状化による被害が出ました。最近建設された大きな構造物は液状化対策（締め固めて地盤を改良し、強制的に排水させるなどの工法）が施されていますが、古い構造物や一般住宅の多くは未対策で、すでに繰り返しのべたように、緩い砂地盤で地下水位が高い地域は注意が必要です。

写真５－10　コンクリート中の鉄筋

写真５－11　某中学校の手抜き工事の柱（写真／大野隆一郎氏）

一方、山地や丘陵では、地すべり地も「弱い地盤」です。第四章で述べたように、新潟県には地すべりが非常に多く、この地盤は地すべりによって元来の構造が破壊されています。今回の地震で家屋、棚田および養鯉池などが被害を受けましたが、被害の顕著な芋川沿いを除くと、地すべり地でも比較的平坦な中央部では被害が少なく、急斜面部や末端部で崩壊や亀裂が多発したようです。

二、構造物の弱点

小千谷市や十日町市の市街地を調査中に、柱や壁にひびが入ったビルが目に飛び込んできました。柱をのぞき込むと、コンクリート中の鉄筋の本数が少なく、細いものが目立ち、築造年数が古いビルと判断しました（写真5―10）。木造住宅も同様で、築造年数が古いものに被害が大きかったようです。そもそも日本の建築基準は十勝沖地震（一九六七年）、宮城県沖地震（一九七八年）、阪神・淡路大震災（一九九五年）などの大きな地震を契機として、耐震基準（建設基準法）が改定されてきました。木造住宅については、宮城県沖地震後の一九八一（昭和五六）年に大改正が行われています。そのため、築造年数が古い家屋は基本的に耐震基準が低く、地震に弱いことになります。ただし、築造年数が古い家屋でも現在の耐震基準に合わせて補強すれば、十分地震に耐えるとされています。

激震地においても、築造年数の新しい住宅や、基礎をしっかり造った（深さ二～三ｍにわたり地盤を改良したり、杭の数を増やしたりした）住宅、補強工事を行った住宅では被害が非常に少ないのが目につきます。個人的に取り組める地震対策として、老朽化した住宅の補強が最も重要であることを痛感しました。

ところで写真5-11は、ある中学校の壊れたコンクリートの柱です。柱の中から木屑を固めたようなものやビニールが発見され、また全く固まっていないセメントをまぶしたような砂利も見つかりました。このような手抜き工事が公共工事で行われているとは驚きです。阪神・淡路大震災では壊れたマンションのコンクリートから、空き缶が見つかる、鉄筋数が不足しているなど、手抜き工事が問題になりました。手抜き工事は地震時に「弱点」として必ず突かれてきます。

三、人・社会の弱点

中越地震災害は、中山間地での大きな被害が特徴であることが広く指摘されています。この中山間地は、過疎・高齢化問題、中山間地農業の問題など、現在の日本の社会と経済が抱える歪みの一部が集約的に表れている地域です。

これは、広く日本の中山間地のすべてに共通した問題です。中越地震では、まさにこの「弱点」が突かれ、日常的に進行し深刻化してきた、これらの問題が一気に噴出しました。「高度経済成長政策」の下で置き去りにされてきた問題、社会と経済の「弱点」です。

中山間地は第四章でのべたように、農業生産、環境保全機能の大きな役割を担っています。中山間地で生活し、農業を営んでもらうことは国土保全につながります。さらに「心のふるさと」として私たちに安らぎを与えてくれます。

しかし、住宅と農地が壊され、加えて高齢のために地震前の生活に戻れない人の姿が報道されています。これは、被災者の生活再建のための法律・政策が行き届いていない、という「弱点」を突かれたものでしょう。

第六章　新潟の地震災害予測

一、新潟における地震発生の予測

政府の地震調査研究推進本部による予測

一九九五（平成七）年の阪神・淡路大震災の後、各地で積極的に活断層の調査が進められています。全国で今までに九八の活断層調査が実施されました。新潟でもこれまでに、月岡断層帯、櫛形山脈断層帯、長岡平野西縁断層帯、十日町断層帯（東部）、十日町断層帯（西部）などの調査が行われています。政府の地震調査研究推進本部では、これらの活断層帯について、長期評価で予想される地震の規模と今後三〇年以内の地震発生確率を発表しています。地震の規模は活断層の長さをもとに、発生確率は、その活断層のこれまでの活動履歴をもとに計算されています。表6−1に新潟での予測を示しました。

このなかで、地震の規模が最も大きく、また発生確率も高い長岡平野西縁断層帯は、新潟市沖合から小千谷市までの南北方向の長さ約八三㎞の断層帯で、北から越後平野と角田・弥彦山地〜東頸城丘陵との境界部に発達する活断層で西側の山地・丘陵が相対的に隆起する逆断層*とされています。最新の活動は一三世紀以後と推定され、平均活動間隔は約一二〇〇—三七〇〇年であった可能性があると発表されています。

櫛形山脈断層帯は月岡断層帯とともに新発田―小出構造線の一部です。地震調査研究推進本部は、櫛形山脈断層帯が活動した場合、活動範囲が月岡断層帯にも及ぶ可能性がある、また過去の活動が十分には明らかではないため、予想される地震の規模と地震発生確率の信頼度は非常に低いと報告され、二〇〇五（平成一七）年に補足調査が行われています。

越後の古地震履歴―「温故知新」

「故《ふる》きを温《たず》ねて新しきを知る」という成句があります。先に紹介した地震調査研究推進本部による予測は、過去の活動履歴を明らかにすることが重要なこと、またそれが決して容易ではないことを物語っています。活断層の活動履歴が「地震発生履歴」であることに対し、ここで扱う古地震履歴は「地震被害履歴」で「（強い）地震被害をうける場」の問題とみることができます。もちろん、活動した断層の近くでは、大きな被害が出ますから、発生履歴を含むこともあります。両者は相補関係にあり、ともに重要な検討課題です。

従って、古地震履歴の解明は、地震発生予測の問題にも強く関係するとともに、その地域で過去に地震に伴うどのような現象・災害があったかを教えてくれます。これは、今後起こり得る災害予測に最も基礎的なデータを提供するものでもあります。

表６－１　地震調査研究推進本部による新潟県内の主要活断層の長期活動予想

断層帯名		長期評価で予想した地震規模	地震発生確率（30年以内）
活断層	櫛形山脈断層帯	M6.8〜7.5程度	ほぼ０〜７％
	十日町断層帯（西部）	M7.4程度	１％
	十日町断層帯（東部）	M7.0程度	0.4〜0.7％
	長岡平野西縁断層帯	M8.0程度	２％以下
海溝型	佐渡島ー北方沖	M7.8程度	６％以下

表６－２　新潟県に被害を及ぼした主な地震

西暦（和暦）	地域	M	主な被害
863.7.10（貞観５）	越中・越後	不明	（山崩れ、民家倒壊、湧水あり、圧死者多数）
1502.1.28（文亀１）	越後南西部	6.5 〜 7	越後の国府（現直江津）で家屋の倒壊並びに死者多数
1666.2.1（寛文５）	越後西部	6 3/4	高田城破損、死者1,500、住家倒壊多数
1670.6.22（寛文10）	越後中・南蒲原郡	6 3/4	上川４万石で、死者13、　家屋全壊503
1729.8.1（享保14）	能登・佐渡	6.6 〜 7	佐渡で死者、家屋倒壊あり
1751.5.21（宝暦１）	越後・越中	7 〜 7.4	高田城破損、全体で死者2,000、高田領の死者1,128、家屋全壊及び消失6,088
1762.10.31（宝暦12）	佐渡	7	石垣、家屋が破損、死者があり。鵜島村で津波により家屋流失26
1802.12.9（享和２）	佐渡	6.5 〜 7	佐渡３郡全体で死者19、全壊家屋1,150、同消失328
1828.12.18（文政11）	「三条地震」	6.9	三条・見附・今町・与板などで被害。死者1,400、家屋倒壊9,800、同消失1,200
1833.12.17（天保４）	羽前・羽後・越後・佐渡	7.5	津波を伴う。死者42、家屋全壊103
1847.5.8（弘化４）	「善光寺地震」	7.4	（死者12,000、全壊家屋34,000）
1847.5.13（弘化４）	越後頸城郡	6.5	善光寺地震の被害と区別できないところが多い
1961.2.2（昭和36）	長岡付近	5.2	死者５、住家全壊220
1964.6.16（昭和39）	「新潟地震」	7.5	新潟市内で地盤の流動、不同沈下による震害が著しかった。死者13、負傷者315,住家全壊1,448、同全焼290
1995.4.1（平成７）	北蒲原南部	5.5	負傷者82、家屋全壊55
2004.10.23（平成16）	「中越地震」	6.8	死者67、負傷者4,795、住家全壊3,175、住家半壊13,794

もちろん、その調査研究手法は確立されたものでなく、地域、現場の状況に合わせて、少しでも有効な方法の模索が続けられる必要があります。

本章では、仮に新潟の古地震履歴の調査を時代によって、若い方から「歴史時代・考古時代・地質時代」の三つに分けて見てみましょう。それぞれの時代を知るための「時間の目盛り」としては、歴史時代では文字史料、考古時代では土器などの考古遺物、地質時代では地形・地層・火山灰などがその「主役」です。このほかに放射性炭素による年代測定は、すべての時代にわたって利用されていますし、利用可能なものはすべて使われ、お互いの不備が補われます。

新潟でごく大胆に時間を区切った場合、文字史料は一〇〇〇年少し前ごろまで、考古資料は五〇〇〇〜六〇〇〇年前ぐらいまでが有効で、それより古い時代は地形・地質資料が使われます。これらの「時間の目盛り」が相互に重なり合う――例えば文字史料と考古資料、また文字・考古資料と地層・火山灰などの地質試料――こともごく普通のことです。

歴史地震――文字史料

新潟県で被害が出た主な地震が表6–2にまとめられています。このうち、最近のものは私たちの記憶にありますが、古いものはみな文字史料から明らかにされたもので、歴史地震と呼ばれるものです。新潟で史料に残された最古の地震は、すでに第二章で述べた八六三（貞観五）年の「越中・越後の地震」です。

文字で記録された歴史地震の重要性については、古くから注目されており明治以降、歴史地震史料の収集・解析・編さんの地道な努力が積み重ねられてきました。現在その成果は、「理科年表」（国立天文台編、丸善、年度版）に記述され、「新編・日本被害地震総覧」（宇佐美龍夫著、東京大学出版会、一九八七）として出版されています。日本の歴史に現れた最初の地震は四一六年の「遠飛鳥宮付近（大和）の地震」で、七二〇（養老四）年にまとめられた日本書紀の中に「地震」とだけ記録されているそうです。

遺跡からのメッセージ

文字のない考古時代、また限られた文字史料しか残されていない歴史時代では、遺跡が実に貴重な情報を提供してくれます。近年、越後平野の遺跡発掘の進展とともに古い地震の存在を示す液状化が多数見つかってきました。液状化は遺跡の地層に記録されています。この液状化記録と遺跡成立時の「生活面」との前後関係をもとに、古地震発生の時代が推定できます。

遺跡での液状化の調査によって、私たちが確認できた範囲で、次の点が明らかになってきました。
（一）すでに第二章で述べたように、九世紀前後の越後平野は少なくとも規模の大きな地震が三回発生し、越後平野のほぼ全域で強い被害が出た「大地変動の時代」であった可能性が高い。

（二）越後平野北部の加治川村（現新発田市）金塚の青田遺跡では、縄文時代末期の約二五〇〇年前ごろ、遺跡が成立した百数十年の間に計五回の液状化を伴う地震が発生（短期間に集中的に発生）し、断層活動が当時の川の流路に影響を与え、また地層に著しい変形をもたらしている。なお、青田遺跡は九世紀ごろに地震による地殻変動で旧紫雲寺潟の湖底に沈んだ（第二章）。

（三）越後平野東縁の新発田―小出構造線に沿った五頭山麓の扇状地に位置する、野中遺跡とツベタ遺跡では、縄文時代の約五〇〇〇年前、四〇〇〇年前、三六〇〇年前ごろの液状化が確認できた。これは新発田―小出構造線の活動と関連した可能性が高い。

これらは今までに明らかになったものの一部ですが、遺跡には古地震研究と、これに基づく地震災害予測のための貴重で豊富なメッセージが記録されていることが分かってもらえると思います。

以上、新潟での事例を中心に見てきましたが、一九八五（昭和六〇）年に初めて前埼玉大学の堀口萬吉さんが遺跡における液状化の報告を契機として、「地震考古学」（寒川旭著、中央公論社、一九九二）という新しい分野も開拓されました。しかし現状は、古地震履歴調査と地震災害の予測に、もっと積極的に活用を進める余地があるように思います。今後一層、考古学との協力を強めていく必要があります。

文字史料と地層の記録の検証と補完

越後平野では九世紀前後が「大地変動の時代」で、遺跡での液状化の記録から少なくとも三回の地震が確認されたことはすでに述べました（第二章第五節）。しかし、信頼できる史料として歴史地震が記録されているものは、八六五（貞観五）年の「越中・越後の地震」だけです。

新潟市歴史博物館の南憲一さんが「新潟市域災害年表」をまとめました。この年表の特徴の一つとして、南さんが「はじめに」で述べているように、「資料に記されていることだけを記したもので、記録による数値・日付などに違いがあってもそのまま記し、考察は加えていない」という点があります。私たちにはこの点が貴重と考えられました。私たちが越後平野でこれまで行ってきた災害現象の履歴調査からも、地域に残る「伝説・伝承」の中に貴重な事実が隠されていたり、史料的には問題があるとされながら、それが事実である可能性の高い事例が存在したりすることを経験してきました。「新潟市域災害年表」には、七六二（天平宝字六）年の地震から始まり、八〇〇年代だけで、八六五（貞観五）年を含め計八回の地震が挙げられています。九世紀に八回というのは、記録のダブリがあるのかもしれません。門外漢の私たちにはその評価はできません。しかし、私たちが確認できた限り、越後平野のこの時代のほとんどすべてと言っても過言ではないほどの遺跡に液状化が見られることは地層に記録された事実です。

今後、地層に記録された現象と文字史料の相互検証・補完が課題となり、歴史学・考古学・地質学が一体となった取り組みが必要とされています。

地質時代のメッセージ

地質時代のメッセージは、地形・地層・地質構造に記録された変動の解析から読み取ります。この時代の「時間の目盛り」としては火山灰が最も信頼できます。

すでに第二章で、信濃川の河成段丘に記録された変動・隆起運動、また越後平野に記録された変動・沈降運動の経過を見てきました。地質構造あるいは変位量は個々の変動の「積算」とみることが自然です。小千谷市の山本山が過去約一・三万年間に約五〇mの隆起、また味方村（現新潟市）で過去約五〇〇〇年間に一九mの沈降、同じ期間に信濃川・阿賀野川河口部では一五～二〇mの沈降をしていることを知りました。

日本では、活断層の活動度はA、B、Cの三級に区分され、平均変位速度が一〇〇〇年当たりA（m単位の変位量）、B（一〇㎝単位）、C（一㎝単位）と分類されています。これに従えば、それぞれ一〇〇〇年間に山本山では三・八mの隆起量、味方村（現新潟市）では三・八mの沈降量、信濃川・阿賀野川河口部では三～四mの沈降量となり、いずれもA級で、日本列島でも大きな値です。これらをM七クラスの地震で二mの変位と仮定すれば、約五〇〇年に一度の地震発生という計算になります（第二章）。これは、あくまで単純計算にすぎません。ただし、活動的な場所であることは確実とみなければなりません。

地質現象の「反復性」

ところで、地震、火山、また地すべり・土石流など広い意味での地質（自然）現象は、ほぼ同じ場所で、ほぼ同じような現象を繰り返す「反復性」が認められます。ただし、周期的とはいえません。それは、地質現象は実験室でのさまざまな条件を一定、あるいはコントロールした下での現象ではなく、時間とともに空間的にも種々の状況が変化し続ける「四次元的現象」であることによります。これは地質現象が持つ特徴の一つで、地震の予知が難しいこともこれが原因です。つまり、「反復性」を持ちながらも、一定の時間が経過すれば同じ現象を繰り返すという「周期性」は認められないのです。

抽象的な表現で分かりづらいと思います。適切な例えではありませんが、次のように考えると少し理解してもらえるかもしれません。ある活断層の活動（地震発生）ではズレを伴うエネルギーの放出で状況は大きく変化します。周辺部とのエネルギーのバランスも変わります。しかし、再びエネルギーがたまり始め、いつかはその断層を再度活動させてエネルギーを放出します。これが反復性を持つ原因です。また、最終的に活動を起こす条件（断層のすべりやすさ・周辺部とのエネルギーバランス…など）がすでに前回とは異なったものであるため、「周期的現象」となり得ません。

このため、自然災害にかかわる分野では、「再来間隔」という用語が使われます。過去に起こった現象の履歴を調べ、反復する期間の平均値を計算し、定性的に時間的危険度を評価しようという目的です。再来間隔は過去の履歴データをどれだけ多く、正確に把握できたかで、その信頼度が大きく左右されます。正確なデータが多ければ、最短・最長再来間隔、単純平均値などを、次の災害予測の貴重な基準として、役立てることができるでしょう。

二、新潟における地震災害・被害の予測

ここで、今後新潟で起こることが予測される地震被害の問題について考えてみましょう。いずれも新潟の大地の成り立ちと気候などの自然条件を反映したものとみられます。

土砂災害

中越地震では、中山間地における土砂災害が被害の特徴の一つでした。歴史地震では、八六三（貞観五）年の地震で「山崩れ谷埋まり」と記述、一七五一（宝暦元）年の「高田地震」では「名立小泊で裏山が崩れ四一六人が犠牲となり、名立川の小田島付近で山崩れが川をせき止めた」との記述が「日本被害地震総覧」に見られます。また、一八四七（弘化四）年の善光寺地震では、新潟と同じ北部フォッサマグナ地域の信州で「山崩れが多発し、松代領だけで四万カ所以上、虚空蔵山が崩れて犀川をせき止めた」という記述（理科年表）があります。

北部フォッサマグナ地域の新潟は全国有数の地すべり地（第二章）でもあり、今後の地震で、中山

間地は土砂災害による大きな被害に遭う可能性が高いと考えられます。

また人工地盤で大きな被害をもたらします。

液状化災害

一九六四（昭和三九）年の新潟地震で初めて注目された液状化災害は、地下水が浅く緩い砂地盤、また人工地盤で大きな被害をもたらします。

図6−1は、新潟地震直後に新潟大学理学部地質鉱物学教室と（財）深田地質研究所によって調査された地盤災害図です。建物一戸一戸の被害をはじめ、噴砂、地盤の陥没・膨れ上がり、道路の亀裂・波状変形、浸水地域などが詳しく表現されています（図6−2）。この図は地震による地盤災害を記録した貴重な資料として高く評価されています。

最近の調査から、同じ地盤が幾度も液状化を繰り返すことが遺跡で確かめられています。このことからこの地盤災害図は、今後の地震被害に対するハザードマップの意味も持つものです。

新潟地震直後は、液状化は砂地盤だけが注目される傾向にありましたが、最近の調査で砂礫、ローム、黒土などが液状化すること、特に盛り土（人工地盤）での液状化被害が大きいことも明らかになっています。また、新潟地震以前にも、歴史地震には「水湧き」、「砂と水が噴出」、「流砂」などの記述で液状化が多く発生していたことが分かります。

信濃川と阿賀野川の二大河川の洪水で埋め立てられ、現在も沈降を続ける越後平野は、緩い砂地盤

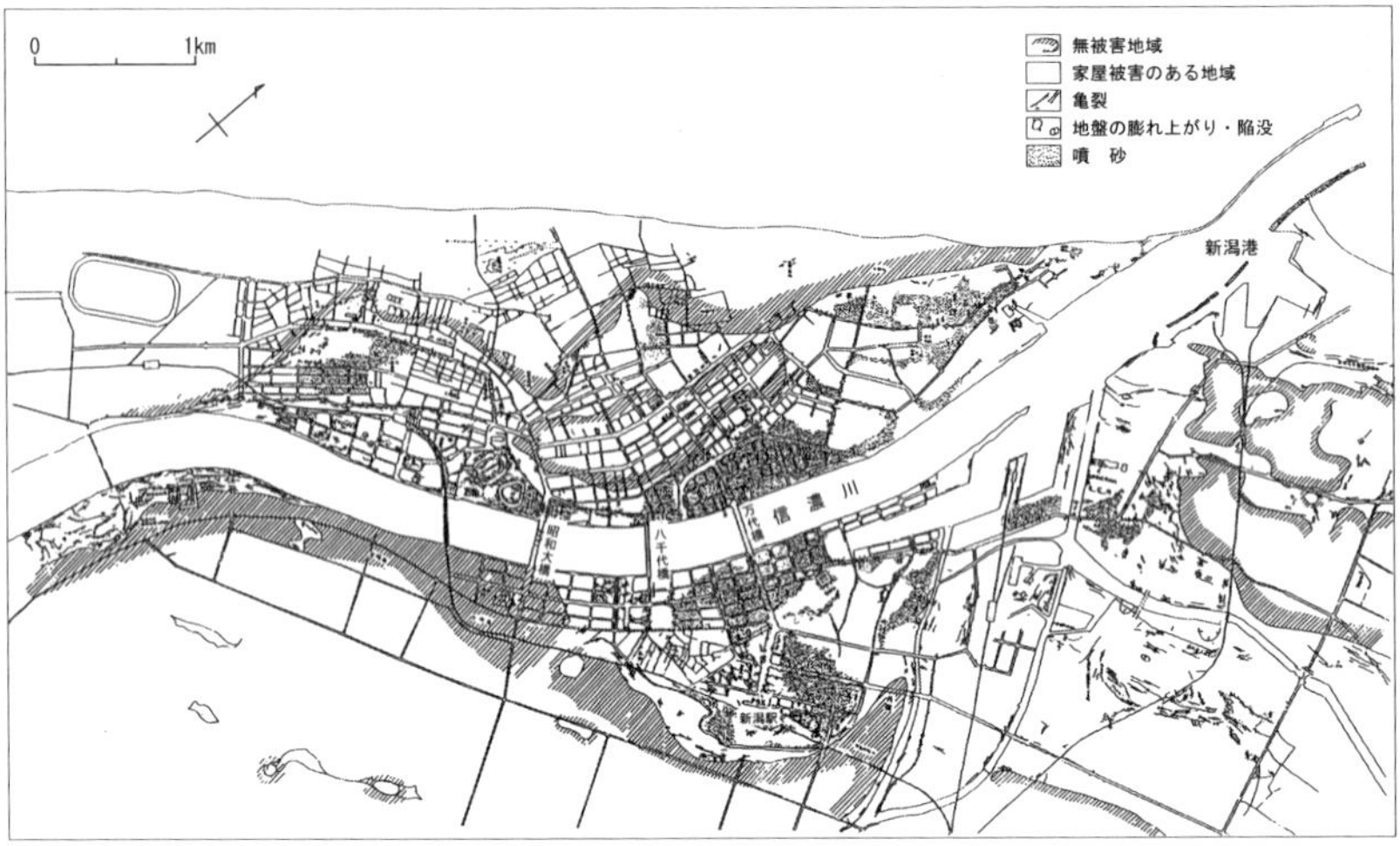

図６－１　新潟地震地盤災害図

図６－２　新潟地震地盤災害図（新潟駅周辺）

が広く分布し、地下水位も浅く、今後の地震でも液状化被害が多く出ることが予測されます。

「ゼロメートル地帯」の浸水被害

越後平野では、海面より低い「ゼロメートル地帯」が広く分布します。新潟西港の平均海面（潮位）は標高＋四〇㎝前後で、満潮時には＋六〇〜七〇㎝とされています。図6−3は新潟県による資料をもとに、その範囲を示しています。その面積が広いことに驚かれた人が多いのではないでしょうか。新潟地震では信濃川河口部で港や堤防の決壊によって広い地域が浸水し、昭和石油のタンク火災とともに「火攻め・水攻め」の被害を受けました（写真6−1）。

この「ゼロメートル地帯」には多くの人が生活しています。新潟市の一部には、標高マイナス二mの場所もあります。日常は意識されることが少ないのですが、ここは人工的に排水することによって、生活域がつくられています。将来の地震で、堤防が壊れたり、排水施設に大きな被害が出たりすれば、ここはかなりの期間にわたって浸水する危険が大きいと思います。

地盤の沈降・水没被害―「新潟」という地名

地盤に関連した以上の災害は、今までも予測されたものです。ところが、越後平野で地震による地盤の沈降・水没災害は、これまでほとんど想定されることがなかった被害でしょう。

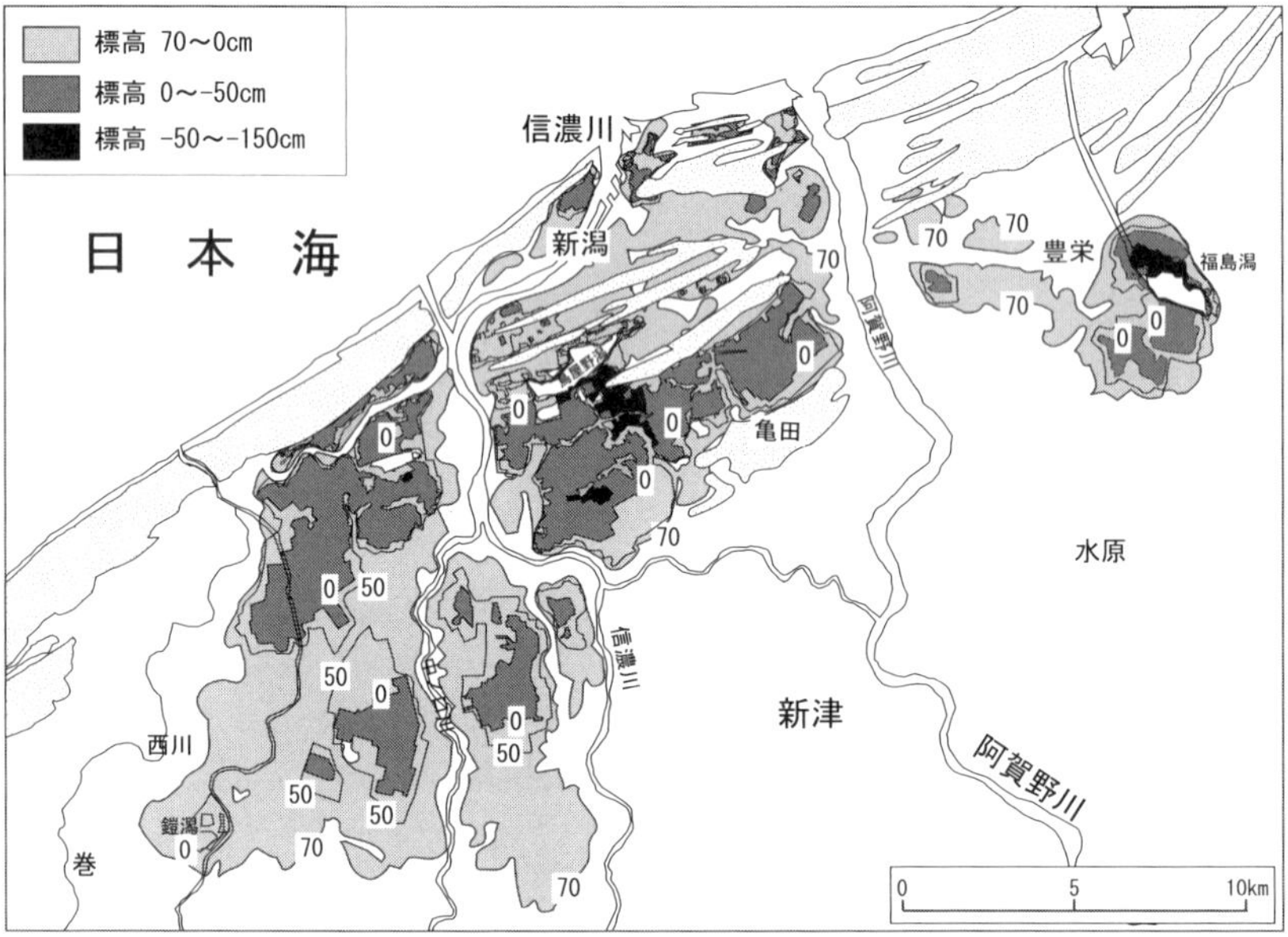

図6－3　越後平野「ゼロメートル地帯」分布図

写真６－１　新潟地震では広い地域が浸水し、昭和石油のタンク火災とともに「火攻め・水攻め」の被害を受けた。（写真／新潟日報社）

第二章で詳しく見たように、紫雲寺潟が九世紀に誕生したこと、また、歴史時代の鎧潟、田潟・大潟の誕生あるいは拡大、現在も広い「ゼロメートル地帯」である亀田郷の「葦沼」が古墳時代以後に拡大した可能性が高いことなどは、越後平野での直下地震による沈降・陥没を強く示唆するものです。「新潟」という地名は「新しく潟が生まれる所」という意味があるのではないかと思います。

かつて越後平野に存在した多くの潟は、平野部での直下地震の存在を示す「化石」の可能性がありますす。これらの潟ができた時代を詳しく調べることは、平野部での直下地震の歴史を知ることにつながる可能性も大きいと考えています。これが正しければ、地震発生予測の基礎資料として、平野部での「地震空白域」の問題にも結び付くものでしょう。

味方村（現新潟市）や信濃川・阿賀野川河口域で、約五〇〇〇年前の地面が地下一五〜二〇mに沈んでいることも、これと共通した現象です。越後平野をつくる沈降運動が現在も続いていることを示すものです。一〇〇〇年余り前の時代といえば、私たちの生活感覚では遥かに遠い昔のことですが、地質学的には、「つい昨日、一昨日の出来事」で「明日」にも同じことを繰り返す可能性があります。ただし、タイムスケールの「ギャップ」があまりに大きいことも事実です。このため、誇大に解釈したり、逆に意識的に軽視・無視したりすることには注意が必要かと思います。

積雪期の地震

一六六五（寛文五）年の「高田の地震」が四ｍを超える積雪のもとでの地震で、被害が大きく拡大したことは第三章で詳しく述べました。豪雪地域特有の地震災害として注意が必要です。

三、防・減災対策

地震や地すべりや台風、降雨などは、これまでも自然界が繰り返し営んできた現象です。しかし、人間の生活空間が、自然条件を忘れて拡大した結果、自然現象が人間の備えを超えて振る舞うことがあります。これが人間社会にとっての災害となります。人間は災害に対して、過去から備えてきました。洪水に対しては、江戸時代以降、堤防の強化など当時の技術を結集して対策が行われ、現在でも河川の改修工事は行われています。対策の進歩に合わせて、江戸時代では数年に一度氾濫していた河川が、近代では数十年に一度の災害に抑えられてきました。しかし、洪水による氾濫を完全になくすことができたわけではありません。計算上では一〇〇年に一度の洪水にも対応できるように設計された河川でも、それを上回る降雨があれば簡単に決壊してしまいます。近年でも、新潟県を含む日本の各地で洪水による被害が繰り返されています。しかし、発生する災害の規模は、氾濫することを前提に備えていた明治時代までと比較して、近代の高度化した社会では、いったん災害が発生すると被害規模は大きなものとなってしまいます。気象観測網や気象衛星・気象レーダーなどで、台風の進路や降雨が予測できている現在でも災害が起こってしまう、これが現状です。

日本では地震災害も繰り返されてきました。地震は、降雨のように予測がつく現象ではなく、突然襲ってくる災害です。住家や構造物の耐震性の強化や津波の予測など技術的な進歩はありますが、想定した対策を超えた時には、やはり大きな災害となってしまいます。発生の予測がつかない地震災害では、被害を完全に防ぐことはできませんが、被害を予測して小さくすることが大切になってきます。防災ではなく、〝減災〟が自然災害に立ち向かう上では非常に重要です。

災害と水（井戸・湧水の利用）　中越地域には、数多くの湧水や井戸がある。これらの多くは水質が良いので、昔から飲料用をはじめ生活用水や農業用水として広く使われてきた。

阪神・淡路大震災では、水道管が各所で破損して長期間断水が続いた。このとき、市民の命を支えたのが、昔から使われてきた自噴井や手押しポンプが付いた堀抜き井戸である。この経験を基に自治省は、都道府県を介して市町村に防災用井戸の設置を奨励してきた。

中越地震では、水道や下水道といった地下パイプラインの被害が多く見られた。これらの施設は、都市型の便利な生活を送ることができる反面、災害時には脆弱な面を持ち合わせている。このため、集落ごとに井戸を持ち普段から使うようにするといったサブシステムを持つことが必要である。こうすれば、被災時に放映された水不足といったことも解決できる。昔から使われてきた井戸がたくさんあるはずなので、これらの利用もよい。

ここで大事なことは、防災用井戸を普段から使うということである。防災用だからといって大事にしまっておくことによって、機械トラブルに気がつかなかったり、使い方を忘れてしまうといったことがよく聞かれる。

地震と下水道 最近、M七を超える地震がたびたび日本列島を襲っているが、その際必ず都市部の下水道に被害が見られる。なかでも、地表から掘って下水管を敷設し、掘ったところを埋め戻した部分で、マンホールの浮上や陥没などが起こっている。その際、下水管もずれ下水がそのまま地中に漏れている。ヨーロッパの各国では、都市下水が下水道から漏れ、これによる地下水汚染が深刻な問題となっている。中越地震でも、下水道の被害は広域に発生し、下水管もずれ、下水が地中に漏れた。下水が地下に漏れると地下水の硝酸汚染の原因となる。このため、下水道については集落同士が離れている場合には、合併浄化槽に切り替えるなどの再検討も必要である。

マイコンメーターと火災 被災地の多くの家庭用ガスは、マイコンメーター（震度五以上の揺れをセンサーが感じると自動的にガスの元栓を閉める装置）付きの都市ガスやプロパンのガスボンベを使用していたため、夕食を作る時間帯であったにもかかわらずほとんど火事が起こらなかった。一〇年前の阪神・淡路大震災では、多くの火災が発生し、人命が失われた。その後、急速に普及したマイコンメーターは、地震時の火災の低減に役立ったとものと考えられる。

新潟地震、阪神・淡路大震災、そして中越地震の教訓は

近代の日本では、一九二三（大正一二）年の関東大震災を契機として、耐震性の向上などの地震対策や地震災害からの復興という考えがスタートしました。構造物の耐震性などは、最近になって強振動観測データが得られるまでは、関東大震災が漠然とした基準となっていました。また、その後の大きな地震災害のたびに構造物の耐震性などが見直されてきました。各地の地震災害は、それぞれが教訓を残していますが、特に新潟地震と阪神・淡路大震災は大きな教訓を残しています。

一九六四（昭和三九）年の新潟地震は、地盤の液状化が注目されました。信濃川の古い流路跡や埋め立て地に立地する新潟市街部では、液状化によって至る所で砂が噴出し、建物が傾き損壊する被害が発生しました。地震時の液状化現象は、すでに述べたように、古い時代の遺跡でも見られ、古文書にも記述があることですが、都市部の液状化が初めて大きな災害となった点で、新潟地震は注目され

ました。新潟地震＝液状化は世界的にも知られているところです。また、新潟地震の液状化現象は、注目されただけでなく、液状化を解明する本格的な研究が行われた出発点でもあります。

市街部の液状化による噴砂や亀裂、建物被害、ゼロメートル地帯の浸水被害は、当時の新潟大学理学部によって克明に記録され、新潟地震地盤災害図（図6-1、6-2）としてまとめられました。この図は、都市の地震災害を初めて記録しただけではなく、その後の都市の防・減災に対しても大きく貢献しています。特に液状化による噴砂や亀裂の分布は、今後新潟市街部が同様な地震動を受けたときに、再び液状化による被害がおこる地点を示したものとして、理論的な解析によるハザードマップでは表現しきれない詳細な被害分布を予測しています。

一九九五（平成七）年の阪神・淡路大震災は、どんな教訓を残したのでしょうか。阪神・淡路大震災は、近代都市を襲った直下地震で、震度七を記録したように強い地震動によって約一〇万棟の家屋を全壊させ、被災者約三〇万人を抱え、都市機能の大規模地震に対する脆弱《ぜいじゃく》性を露呈した災害となりました。新幹線やJR在来線、高速道路の高架橋の落下など、耐震性の向上を掲げて安全神話を作り上げてきた社会が地震に対して、非常に弱いものであることを示しました。また、政府をはじめ、県、市町村での対応の遅れや消防体制、自衛隊の出動に関してまで多くの問題点が指摘され、検証されてきました。阪神・淡路大震災は、多くの犠牲を払いながら、その後の建物や構造物の耐震性の見直しだけでなく、政府や地方自治体の災害対策の整備や広域的な消防・救助活動の連携体制の構築、自衛隊の災害派遣基準の見直しなど新たな体制の整備を行う契機となった災害でした。また、ボランティア元年といわれるように、災害に対しての公共機関の援助（公助）だけではなく、ボランティアの役割の重要性が社会に浸透し始めた契機にもなっています。

新潟地震から四〇年、阪神・淡路大震災から一〇年目に起こった中越地震では、これまでの災害の教訓は生かされたのでしょうか。阪神・淡路大震災以降初めての大規模災害となった中越地震では、阪神・淡路大震災以降整備された消防の広域連携体制や自衛隊の災害派遣は効率的に機能し、地震発生初期の対応としては大きな支援が行われ、この面での教訓は生かされたと思われます。県や中越地区をはじめとする各自治体の対応は、地震災害が同じ地域で繰り返されたわけではありませんので、必ずしも対応が十分であったとはいえませんが、罹災《りさい》証明の発行や復興に関することなど、神戸のノウハウが生かされたこともあります。ボランティアに関しても全国からの支援を受けています。こうした面に関してはこれまでの教訓が生かされたといえます。しかし、中越地震では、中山間地の災害であったことから、都市部とは災害の性質が異なる面もあります。地震発生時の集落の孤立化、斜面災害による河道閉塞と泥流対策、棚田の崩壊をはじめとする農業被害、高齢化・過疎化に対応した集落の再建と復興など、新たな課題を生んでいます。これらの課題は、日本で発生する地震災害が必ずしも海岸付近の都市部に限られるわけではなく、他の中山間地でも発生する可能性があることから、課題を解決し教訓としていかなければなりません。

安全で有効な土地利用とは

海岸沿いの埋め立て地から中山間地まで多様な地形を抱える日本では、地震災害だけでなく、地すべりやがけ崩れなどの斜面災害、洪水災害などさまざまな災害に対して、安全な生活環境を確保していかなければなりません。安全な生活環境の確保には、建物や構造物で安全を確保する面もありますが、根本的な安全の確保は地形や地盤環境に依存していると考えられます。例えば、洪水に対しては、低い地形ということが一番の被災要因になりますし、耐震住宅を造ったとしても地盤が軟弱では、地震時に大きな被害を受ける可能性が高くなります。また、地すべり地では、宅地の地盤や構造物ごと移動してしまう可能性もあります。このように減災という観点からは、自分の生活する地形や地盤環境を知ることが重要であると同時に、安全な土地を有効に利用していくことが重要となります。

しかし、過密した都市圏では、災害に対してあまり安全ではない土地にもすでに生活が営まれており、個人の力では変えられない課題を抱えていることも事実です。

自分の生活する場所の災害に対する安全性を知った上で、個人でできる範囲の対応を考えるとともに、地形や地盤は変えられませんが、環境・公害問題と同様に広域的な視点で安全性を高める方策や大規模な都市再開発と併せて、土地の性質に応じた利用を検討していく必要があります。目先の経済効率よりも長期的な発想をもっての、災害時に受ける経済的損出を見据えた未来への投資が必要であると考えられます。

災害教育―災害を風化させないために―

「災害は忘れたころにやってくる」といわれますが、災害は、この言葉のように本当に五〇年も経過すると忘れられてしまうものです。正確には、記憶としては覚えていますが、防災意識という観点からは忘れてしまっていると言った方がいいかもしれません。地震災害で見ると、新潟市が大きく揺れるという観点では、およそ一〇〇年に一回程度地震災害を受けており、今後発生が警戒されている南海地震・東南海地震でも、再来間隔が約一〇〇年程度とみられています。全国的にみても同じ地域が再び大きな地震災害に遭うには最低でも一〇〇年以上経過している場合が多いものと思われます。一〇〇年というと三～四世代経過してしまいます。危機意識をもって災害に備えられるのは一～二世代程度と思われますので、防災意識をいかに継続して、災害を風化させずにいくかは、防災教育にかかってくる課題となります。防災教育によって、災害が発生したときに起こり得る被害を予測し、そこからどうやって自分や家族の命を守っていくのか、過去の災害から得た教訓は、知っていれば命が助かる、知らなければ命が危険にさらされる事項を含んでいますので、重要なものばかりです。

二〇〇四（平成一六）年一二月にスマトラ沖を中心に巨大地震が起こり、津波で約二三万人の人が亡くなりました。このとき日本は津波の警戒システムがあるから、スマトラ沖の地震のようなことはないと報道されていました。しかし、日本でも一九八四（昭和五九）年の日本海中部地震の際には津波によって一〇〇人余りの方が亡くなっています。このうち多くの人は、地震の後には津波が来るという危機意識がなく、特に小学校の遠足で多くの児童を失ったことは、その引率の先生の責任ではなく、社会全体に防災教育が不足していたことを示しています。その後一九九三（平成五）年の北海道南西沖地震では、津波警報が発令される前に奥尻島に津波が来襲し多くの人が犠牲になっています。津波の警報システムの構築は重要ですが、約一〇年前に津波で人命を失っていながら、スマトラ沖地震を他の国の出来事としてとらえるのは、防災意識の低下と言わざるを得ません。システムに頼ることにより、個人の危機意識は薄れていくと思われます。七・一三新潟豪雨の際の五十嵐川堤防の決壊による三条市の水害は教訓とすべきです。

　戦前の小学校の副読本には「稲むらの火」という江戸時代の南海地震時の津波から村人を守った話がありましたが、現在の初等教育には防災に関する事項はありません。二〇三〇年前後に再び発生する可能性が懸念されている南海地震に際して、「稲むらの火」の舞台となった和歌山県でこの話を教材として、再び防災教育が行われています。「稲むらの火」から約二〇〇年目に来襲するかもしれない津波に備える、二〇〇年前の教訓を生かす、津波災害に限らず地震災害や他の災害についても地域を挙げて、小学校から繰り返し教育をしていく必要があると考えます。

稲むらの火（一九三七年＝昭和一二＝文部省発行　小学国語読本　巻十：原文）

「これはただ事ではない。」

とつぶやきながら、五兵衛は家から出て来た。今の地震は、別に烈しいといふほどのものではなかった。しかし、長いゆったりとしたゆれ方と、うなるような地鳴りとは、老いた五兵衛に、今まで経験したことのない無気味なものであつた。

五兵衛は、自分の家の庭から、心配げに下の村を見下した。村では豊年を祝ふよひ祭りの支度に心を取られて、さつきの地震には一向気が付かないもののやうである。

村から海へ移した五兵衛の目は、忽ちそこに吸附けられてしまつた。風とは反対に波が沖へ沖へと動いて、みるみる海岸には、広い砂原や黒い岩底が現われて来た。

「大変だ。津波がやつてくるに違ひない。」と、五兵衛は思つた。このままにしておいたら、四百の命が、村もろ共一のみにやられてしまふ。もう一刻も猶豫は出来ない。

「よし。」

と叫んで、家にかけ込んだ五兵衛は、大きな松明を持つて飛出して来た。そこには、取り入れるばかりになってゐるたくさんの稲束が積んである。

「もつたいないが、これで村中の命が救へるのだ」と、五兵衛は、いきなりその稲むらの一つに火を移した。風にあふられて、火の手がぱつと上がつた。一つ又一つ、五兵衛は夢中で走った。

かうして、自分の田のすべての稲むらに火をつけてしまふと、松明を捨てた。まるで失神したやうに、彼はそこに突立つたまま、沖の方を眺めていた。日はすでに没して、あたりがだんだん薄暗くなって来た。稲むらの火は天をこがした。山寺では、この火を見て早鐘をつき出した。

「火事だ。庄屋さんの家だ。」と、村の若い者は、急いで山手へかけ出した。続いて、老人も、女も、子供も、若者の後を追うやうにかけ出した。

高台から見下ろしてゐる五兵衛の目には、それが蟻の歩みのやうに、もどかしく思はれた。やつと二十人程の若者が、かけ上がつてきた。彼等は、すぐ火を消しにかかろうとする。五兵衛は大声で言った。

「うつちやつておけ。ー大変だ。村中の人に来てもらふんだ。」

村中の人は、追々。五兵衛は、後から後から上がってくる老幼男女を一人一人数へた。集つて来た人々は、もえてゐる稲むらと五兵衛の顔とを、代わる代わる見くらべた。

その時、五兵衛は力一っぱいの声で叫んだ。

「見ろ。やつて来たぞ。」

たそがれの薄明かりをすかして、五兵衛の指さす方を一同は見た。遠く海の端に、細い、暗い、一筋の線が見えた。その線は見る見る太くなった。広くなつた。非常な速さで押寄せて来た。

「津波だ」

と、誰かが叫んだ。海水が、絶壁のやうに目の前に迫つたかと思ふと、山がのしかかって来たやうな重さと、百雷の一時に落ちたやうなとどろきとを以って、陸にぶつかつた。人々は、我を忘れて後ろへ飛びのいた。雲のやうに山手へ突進して来た水煙の外は何物も見えなかった。

人々は、自分等の村の上を荒狂って通る白い恐ろしい海を見た。二度三度、村の上を海は進み又退いた。

高台では、しばらく何の話し声もなかった。一同は波にゑぐりとられてあとかたもなくなつた村を、ただあきれて見下ろしてゐた。

稲むらの火は、風にあふられて又もえ上がり、夕やみに包まれたあたりを明るくした。始めて我にかへつた村人は、此の火によって救はれたのだと気がつくと、無言のまま五兵衛の前にひざまづいてしまつた。

（この文章は、ラフカディオ・ハーン（小泉八雲）の英文を中井常蔵が翻訳したもので、昭和一二年から昭和二二年まで文部省の小学校国語読本巻十として、使用されていたものである。）

自分の命は自分で守る

災害によって危険にさらされる自分や家族の命と財産は、どうやって守っていくのでしょうか。大きな災害が発生し、広域的に大きな被害が出ると、救助などの外部からの支援が及ぶまでには早くても一〇〇時間程度かかると言われています。また、行政によって組織的に救助や救援活動が始まるのは約一〇〇時間後であると考えられています。公助と呼ばれる行政の支援が始まるまでに、もし家屋に閉じ込められていれば七二時間という命の限界の時間が来てしまいます。災害の発生と命とは、時間との闘いです。こうした中で、行政が何とかしてくれるのではという公助への依存だけでは、対応できないことが容易に想像できます。少なくとも三~四日程度は自分たちで頑張っていく「自助」と周囲の人と協力して対応していく「共助」で、乗り切っていくしかありません。

「自助」を考える上で、まず自分の住む地域の過去の災害を知り、自分の住んでいる地形や地盤環境を知るとともに、発生し得る被害を予測してできる限りの対処をしておく必要があります。災害を知り、災害を軽減する、簡単な取り組みからはじめることが重要です。

■用語解説

マグニチュード（M）：地震のエネルギーの大きさを表す尺度。断層運動の規模によって決まる。Mが一大きくなるとエネルギーは三二倍、二大きいと約一〇〇〇倍大きくなる。

ガル（gal）：振動の加速度を表す単位。重力加速度は九八〇ガルで、これを超えると物が飛ぶ。中越地震では最大二五一五ガル（川口町）、阪神・淡路大震災では八一八ガル（神戸）を記録した。

本震・余震（・前震）：大きな地震の後に、引き続き小さな地震が多発することが多い。これらを余震といい、始めの大きな地震を本震（または主震）と呼ぶ。なお、大きな地震の前に小さな地震が先行することがある。これを前震と呼ぶ。

震源・震源域：地震はある広がりを持つ領域で発生する。震源は地震破壊が始まった地下の地点。震源域は地震で破壊された領域で、余震域とほぼ同じ。震源が震源域の中心ではない。

震央・震源地：震源の直上の地表が震央。震央の地名が震源地。

褶曲：地層が波のように曲がっている構造を褶曲構造といい、波の山に当たる部分を背斜（構造）、谷に当たる部分を向斜（構造）、山と谷の斜面に当たる部分を翼という。褶曲の中心部（山の頂き、谷の一番低い）を褶曲軸（背斜軸・向斜軸）と呼ぶ。

複背斜構造：平行する複数の褶曲軸からでき、その部分が両側と比べて、より大きな「波の山」を造る構造をさす。

活断層：最も若い地質時代・第四紀後期に活動を繰り返した断層で、将来も活動する可能性が強い断層。段丘面や地形のズレなどで見付けられるものが多いが、新潟平野や高田平野などの地下に埋没した活断層の認定は容易でない。

地震断層・震源断層：地震で地表に現れた断層が地震断層。地震の発生と深く関係した断層と二次的に生じたものがある。これを地表地震断層と呼び、地下で地震を発生させた震源断層と区別することがある。

活構造運動：現在の地形を造る地殻変動。隆起運動は山地・丘陵、沈降運動は盆地・低地を造る。この運動による波状変形が活褶曲、変位・破壊が活断層と呼ばれる。

正断層と逆断層：断層面が傾いている場合は、面の上下の岩盤の運動方向の違いで、正断層と逆断層に分類できる。正断層とは断層面の上部の岩盤が滑り降りるように動くもので、逆断層とは逆に上部の岩盤がさらに乗り上げるように動くもの。また、断層面を境に横にずれる断層もあり、片方の岩盤を基準としたときに、もう一つの岩盤が右に動いているものは右ずれ断層、左に動いているものは左ずれ断層と呼ぶ。

木造建物	鉄筋コンクリート造建物	ライフライン	地盤・斜面
耐震性の低い住宅では、壁や柱が破損するものがある。	耐震性の低い建物では、壁などに亀裂が生じるものがある。	安全装置が作動し、ガスが遮断される家庭がある。まれに水道管の被害が発生し、断水することがある。[停電する家庭もある。]	軟弱な地盤で、亀裂が生じることがある。山地で落石、小さな崩壊が生じることがある。
耐震性の低い住宅では、壁や柱がかなり破損したり、傾くものがある。	耐震性の低い建物では、壁、梁《はり》、柱などに大きな亀裂が生じるものがある。耐震性の高い建物でも、壁などに亀裂が生じるものがある。	家庭などにガスを供給するための導管、主要な水道管に被害が発生することがある。[一部の地域でガス、水道の供給が停止することがある。]	
耐震性の低い住宅では、倒壊するものがある。耐震性の高い住宅でも、壁や柱が破損するものがある。	耐震性の低い建物では、壁や柱が破壊するものがある。耐震性の高い建物でも壁、梁《はり》、柱などに大きな亀裂が生じるものがある。	家庭などにガスを供給するための導管、主要な水道管に被害が発生する。[一部の地域でガス、水道の供給が停止し、停電することもある。]	地割れや山崩れなどが発生することがある。
耐震性の低い住宅では、倒壊するものが多い。耐震性の高い住宅でも、壁や柱がかなり破損するものがある。	耐震性の低い建物では、倒壊するものがある。耐震性の高い建物でも、壁や柱が破壊するものがかなりある。	ガスを地域に送るための導管、水道の配水施設に被害が発生することがある。[一部の地域で停電する。広い地域でガス、水道の供給が停止することがある。]	
耐震性の高い住宅でも、傾いたり、大きく破壊するものがある。	耐震性の高い建物でも、傾いたり、大きく破壊するものがある。	[広い地域で電気、ガス、水道の供給が停止する。]	大きな地割れ、地すべりや山崩れが発生し、地形が変わることもある。

気象庁震度階級関連解説表（気象庁、1996）

計測震度	震度階級	人　間	屋内の状況	屋外の状況
	0	人は揺れを感じない。		
0.5	1	屋内にいる人の一部が、わずかな揺れを感じる。		
1.5	2	屋内にいる人の多くが、揺れを感じる。眠っている人の一部が、目を覚ます。	電灯などのつり下げ物がわずかに揺れる。	
2.5	3	屋内にいる人のほとんどが、揺れを感じる。恐怖感を覚える人もいる。	棚にある食器類が、音を立てることがある。	電線が少し揺れる。
3.5	4	かなりの恐怖感があり、一部の人は、身の安全を図ろうとする。眠っている人のほとんどが、目を覚ます。	つり下げ物は大きく揺れ、棚にある食器類は音を立てる。座りの悪い置物が、倒れることがある。	電線が大きく揺れる。歩いている人も揺れを感じる。自動車を運転していて、揺れに気付く人がいる。
4.5	5弱	多くの人が、身の安全を図ろうとする。一部の人は、行動に支障を感じる。	つり下げ物は激しく揺れ、棚にある食器類、書棚の本が落ちることがある。座りの悪い置物の多くが倒れ、家具が移動することがある。	窓ガラスが割れて落ちることがある。電柱が揺れるのがわかる。補強されていないブロック塀が崩れることがある。道路に被害が生じることがある。
5.0	5強	非常な恐怖を感じる。多くの人が、行動に支障を感じる。	棚にある食器類、書棚の本の多くが落ちる。テレビが台から落ちることがある。タンスなど重い家具が倒れることがある。変形によりドアが開かなくなることがある。一部の戸が外れる。	補強されていないブロック塀の多くが崩れる。据付けが不十分な自動販売機が倒れることがある。多くの墓石が倒れる。自動車の運転が困難となり、停止する車が多い。
5.5	6弱	立っていることが困難になる。	固定していない重い家具の多くが移動、転倒する。開かなくなるドアが多い。	かなりの建物で、壁のタイルや窓ガラスが破損、落下する。
6.0	6強	立っていることができず、はわないと動くことができない。	固定していない重い家具のほとんどが移動、転倒する。戸が外れて飛ぶことがある。	多くの建物で、壁のタイルや窓ガラスが破損、落下する。補強されていないブロック塀のほとんどが崩れる。
6.5	7	揺れにほんろうされ、自分の意志で行動できない。	ほとんどの家具が大きく移動し、飛ぶものもある。	ほとんどの建物で、壁のタイルや窓ガラスが破損、落下する。補強されているブロック塀も破損するものがある。

＊ライフラインの［　］内の事項は、電気、ガス、水道の供給状況を参考として記載したものである。

新潟県合併市町村一覧
＝平成15（2003）年７月～平成18（2006）年３月＝

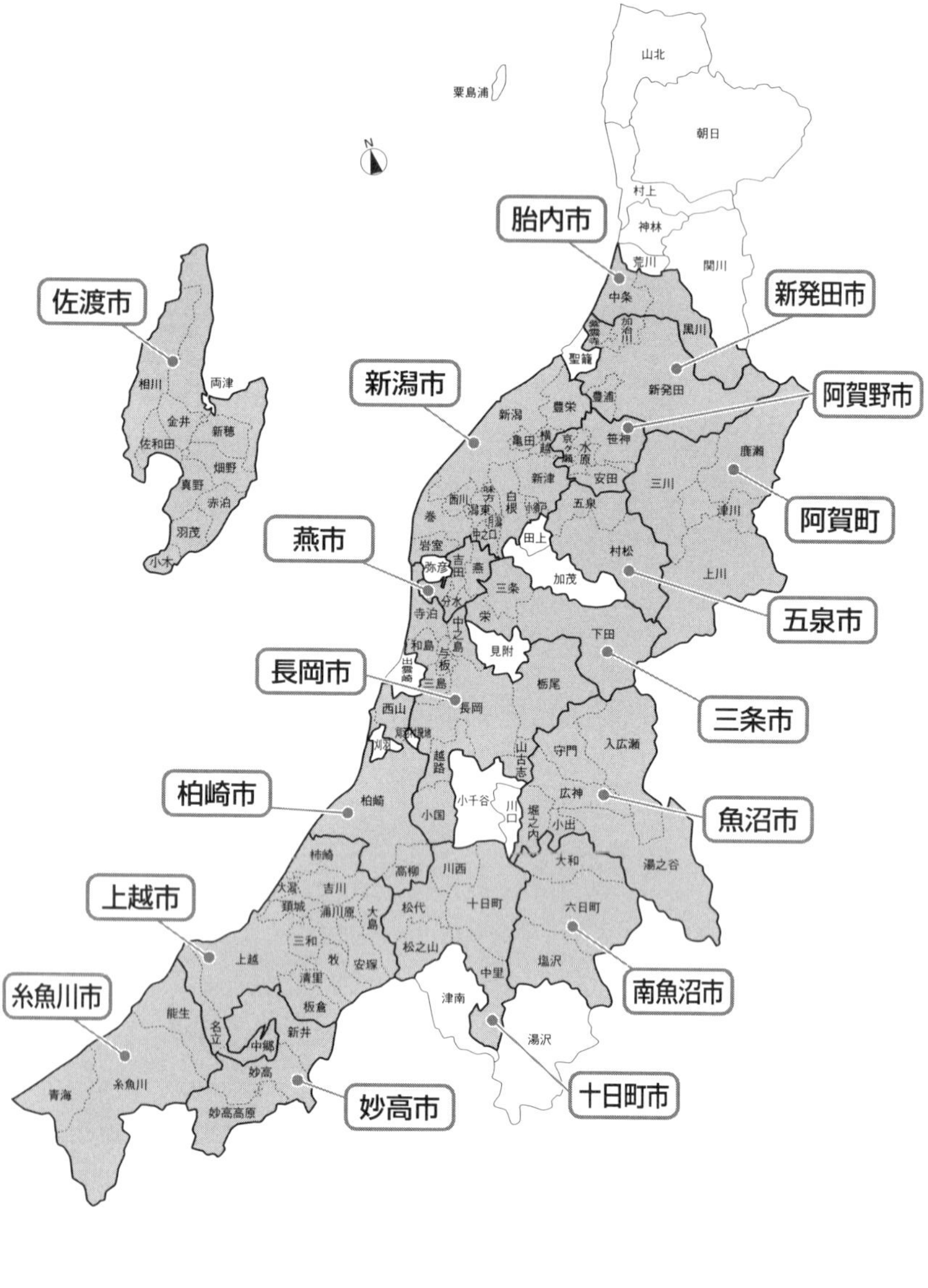

合併後の名　　称	合併関係市町村	合併日
新発田市	新発田市、豊浦町	H15.7.7
	新発田市、紫雲寺町、加治川村	H17.5.1
佐渡市	両津市、相川町、佐和田町、金井町、新穂村、畑野町、真野町、小木町、羽茂町、赤泊村	H16.3.1
阿賀野市	安田町、京ヶ瀬村、水原町、笹神村	H16.4.1
魚沼市	堀之内町、小出町、湯之谷村、広神村、守門村、入広瀬村	H16.11.1
南魚沼市	六日町、大和町	H16.11.1
	南魚沼市、塩沢町	H17.10.1
上越市	上越市、安塚町、浦川原村、大島村、牧村、柿崎町、大潟町、頸城村、吉川町、中郷村、板倉町、清里村、三和村、名立町	H17.1.1
糸魚川市	糸魚川市、能生町、青海町	H17.3.19
新潟市	新潟市、新津市、白根市、豊栄市、小須戸町、横越町、亀田町、岩室村、西川町、味方村、潟東村、月潟村、中之口村	H17.3.21
	新潟市、巻町	H17.10.10
妙高市	新井市、妙高高原町、妙高村	H17.4.1
阿賀町	津川町、鹿瀬町、上川村、三川村	H17.4.1
十日町市	十日町市、川西町、中里村、松代町、松之山町	H17.4.1
長岡市	長岡市、中之島町、越路町、三島町、山古志村、小国町	H17.4.1
	長岡市、和島村、寺泊町、栃尾市、与板町	H18.1.1
柏崎市	柏崎市、高柳町、西山町	H17.5.1
三条市	三条市、栄町、下田村	H17.5.1
胎内市	中条町、黒川村	H17.9.1
五泉市	五泉市、村松町	H18.1.1
燕市	燕市、吉田町、分水町	H18.3.20

参考文献（五十音順）

飯川健勝・鈴木尉元、一九七六、新潟県小千谷市周辺の地形と水準点変動との関係について。新潟大学地質鉱物学教室研究報告、四、五七―六五頁。

石井啓雄、一九九一、スイスの食糧自給政策―日本の現状と対比して―。経済、三二七、八六―一〇五頁。

和泉　薫、二〇〇五、今冬の雪崩災害、その発生状況と特徴。雪氷北信越、二五、一四―一七頁。

宇佐美龍夫、一九八七、新編日本被害地震総覧。東京大学出版会。四三四頁。

大熊　孝、一九七九、信濃川治水の歴史。アーバンクボタ、一七、四四―五五頁。

大竹政和、一九九五（英文）、A seismic gap in the eastern margin of the Sea of Japan as inferred from the time-space distribution of past seismicity. The Island Arc, 4, 一五六―一六五頁。

大森房吉、一九〇七、信濃川流域ニ於ケル近年ノ強震。東洋学芸雑誌、二四、一一四―一一七。

笠原敬司編、二〇〇六、二〇〇四年新潟県中越地震。月刊地球、号外五三号、二六三頁。

柏崎市史編さん委員会編、一九八三、柏崎市史資料集　地質編、柏崎の地質。五八六頁。

榧根　勇、一九八五、越後平野の一〇〇〇年。新潟日報事業社。二二四頁。

河上房義・浅田秋江・柳沢栄司、一九七八、宮城県沖地震における盛土の被害。土と基礎、二六―一

二、二五—三一頁。
河島克久・山田知充・若浜五郎、一九八七、日本海沿岸平野部の広域積雪調査。低温科学、物理篇、四六、資料集、一九—二四頁。

気象庁編、二〇〇四、気象庁月報、平成一六年一〇月。（財）気象業務支援センター。

小出　博、一九五五、日本の地すべり。東洋経済新報社、二五六頁。

酒井慎一・橋本信一・小林勝・酒井要・羽田敏夫・卜部卓・東田進也、一九九五、一九九五年新潟県北部地震の余震分布。月刊地球、一七—一二、七七九—七八三頁。

寒川　旭、一九九二、地震考古学—遺跡が語る地震の歴史。中公新書、二五一頁。

志岐常正・三田村宗樹・藤原重彦・池田　硯、一九九五、西宮市仁川小百合野町における崩壊。地震と震災、一七七—一八二頁。国土問題研究会。

信濃川段丘グループ、一九六八、新潟県津南地域の第四系—新潟県の第四系・そのXIII—。新潟大学教育学部高田分校紀要、一五、三〇三—三二〇頁。

信濃川段丘グループ、一九七〇、新潟県十日町付近の河岸段丘について—新潟県の第四系・そのIX—。新潟大学教育学部高田分校紀要、一三、一七五—二〇四頁。

信濃川ネオテクトニクス団体研究グループ、二〇〇三、信濃川中流域における第四紀末期の河成段丘編年。地球科学、五七—三、九五—一一〇頁。

信濃川ネオテクトニクス団体研究グループ、二〇〇三、河成段丘面の高度分布に基づく信濃川中流域の第四紀末期の活構造運動。地球科学、五七―五、二七三―二八七頁。

上越市史編さん委員会編、二〇〇三、上越市史通史編三。上越市、二一六―二二七頁。

関谷一義・宮島義隆、二〇〇五、中越地震発生時の新潟県長岡市付近の地下水位と地層収縮量の変動。第一五回環境地質学シンポジウム論文集、地質汚染―医療地質―社会地質学会、三〇五―三〇八頁。

関谷一義・加藤孝則・横山ひろみ、二〇〇五、中越地震後（二〇〇四年一二月）に新潟県長岡市及び南魚沼市周辺で実施した水準測量結果、地質汚染―医療地質―社会地質学会、三〇九―三一二頁。

高野秀夫、一九八五、地すべりの話。考古堂、三一三頁。

宅地防災研究会編、一九八九・一九九八、宅地防災マニュアルの解説。旧版・改訂版。ぎょうせい。

武田　覚・和泉孝夫・坂本　容、一九九五、一九九四年北海道東方沖地震における盛土の被害。土と基礎、四三―四、一五―一八頁。

茅原一也、一九六四、新潟地震被害の分布。新潟地震災害復興計画、一九七―二一七頁。新潟県。

地学団体研究会新潟支部新潟県中越地震調査団、二〇〇五、二〇〇四年新潟県中越地震―中越地震の被害と地盤―。地学団体研究会、専報五四、一二三頁、付：写真・被害図ＣＤ。

中越地震新潟大学調査団、二〇〇五、新潟県連続災害の検証と復興への視点―二〇〇四・七・一三水害と中越地震の総合的検証―。新潟大学、二一七頁。

中越地震・雪氷災害調査検討委員会、二〇〇五、地震後の豪雪を乗り越えて―中越地震と二〇〇五豪雪が残した課題―。八〇頁。

東北大学理学部地質学古生物学教室、一九七九、一九七八年宮城県沖地震に伴う地盤現象と災害について。東北大地質古生物研邦報、八〇、一―九七頁。

中村慶三郎、一九三四、山崩。岩波書店、二五四頁。

新潟県、二〇〇〇、新潟県地質図および説明書。一九九頁。

新潟県環境保健部、一九九六、新潟平野の地盤沈下。三三頁。

新潟県立小千谷高等学校、二〇〇六、二〇〇四年新潟県中越地震体験記録集「谷校生のさけび」。二四四頁。

西田彰一ほか三四名、一九六四、新潟地震地盤災害図。新潟大学理学部地質鉱物学教室。

福島潟地震調査グループ、一九九六、新潟県北部・福島潟地震と基盤地質構造。大震災　そのとき地質家は何をしたか。一七一―一八五頁。

坂東和郎・齋藤浩之・浦山智晴、二〇〇五、平成一六年新潟県中越地震による見附市街地における被害。地学団体研究会　専報、五四、一〇三―一一二頁。

坂東和郎・藤野丈志・細貝浩士、二〇〇五、二〇〇四年新潟県中越地震時の見附市地盤沈下観測井の記録。地質汚染―医療地質―社会地質学会、二九九―三〇四頁。

堀川晴央、二〇〇五、再決定震源と強震記録による二〇〇四年中越地震の断層モデル。二〇〇五年地球惑星合同大会、S〇七九―〇〇〇四。

町田　貞・池田　宏、一九六九、信濃川中流域における段丘面の変位。地理学評論、四二、六二三―六三〇頁。

南　憲一、二〇〇二、新潟市域災害年表。新潟大学災害研資料、八、六三頁。

安井　賢・風岡　修・岩本広志・楠田　隆、二〇〇五、二〇〇四年新潟県中越地域における砂質堆積層の崩壊様式とその物性。地質汚染―医療地質―社会地質学会、三一三―三一六頁。

渡辺秀男、二〇〇〇、新潟県十日町盆地の津南段丘群の形成について。地球科学、五四、三一〇―三二七頁。

渡辺秀男・卜部厚志、二〇〇三、十日町盆地北西部の河成段丘の編年と隆起運動。地球科学、五七、一七三―一九一頁。

あとがき

中越地震から二年が経ちました。被災地では復興のための懸命な努力が続けられています。着実に復旧・復興が進む一方で、それから取り残された被災者が存在することも事実です。

このような状況の中で、大きな課題の一つとして、中越地震に伴う災害、復旧・復興の経験から、いかに多くの貴重な教訓を引き出し、それを今後の災害に対して被害を小さくするため、どのように役立てることができるか、という点があると思います。これは、個人、地域社会、行政に関する問題から、多くの科学分野にまで係わる、多面的で総合的な課題でもあります。

本書では中越地震について、さまざまな視点からみてきました。ここで改めて思うことは、ありきたりの言葉ですが「人は自然に逆らうことはできない」ということです。私たちの社会は、開発が進めば進むほど、また文明が発展すれば発展するほど、自然からの働きかけに弱くなります。大きな自然災害の調査をする度に、いつも「人も自然の一部」であることを強く感じます。同時に「はじめに」で述べたように、自然は私たちに「脅威」とともに「恵み」をもたらします。

災害には地域性が強く現れます。自然条件として、その土地の地形・地質、気候、風土などが災害の形と規模に強く反映します。これらはすべて長い（地質学的）歴史を経てできてきたものです。人の生活面からは、都市と農村（過密地と過疎地）、土地の利用形態などで災害の形と規模は大きく異なります。また少し長い時間でみた場合、河川の上流部にあたる中山間地（過疎地）の荒廃は、必ずその下流・都市部にも影響を及ぼします。可能な限り自然環境と調和した開発・土地利用計画が求められています。

本書を通じて、私たちがどういう大地で生活しているか、新潟の自然の特徴を読み取り、予測される災害の対策を自分の問題として考えていただければ幸いです。

本書は、中越地震発生の一周年企画として出版が計画され、本文は二〇〇五（平成一七）年八月末までに基本的な執筆を終えたものです。しかし、諸種の事情から発行が一周年の二〇〇六年一〇月となりました。原稿執筆から一年が経ちましたが、本書で私たちが訴えたいと考えた点（「はじめに」で述べました）に関するかぎり、大きな変更を必要としないため、一部の修正・加筆にとどめました。

本書をまとめるにあたり多くの方からご援助をえました。ここにお名前（五十音順）を記して厚く謝意を表します。荒川勝利、飯川健勝、伊豫部勉、大塚富男、大野隆一郎、楠田隆、鈴木幸治、副島尚子、内藤信明、古川昭夫、吉村尚久、渡辺秀男の各氏。新潟日報事業社の新保一憲氏には、執筆の勧めと編集のお世話を頂きました。御礼申しあげます。

■著者略歴

高濱　信行（たかはま　のぶゆき）

1945年生まれ。新潟大学大学院理学研究科修士課程修了。

現在、新潟大学災害復興科学センター・教授。理学博士。第四紀・災害地質学。

風岡　　修（かざおか　おさむ）

1960年生まれ。大阪市立大学大学院理学研究科後期博士課程終了。

現在、千葉県環境研究センター地質環境研究室・主席研究員。理学博士、地質汚染診断士。Urban 地質学・環境地質学。

卜部　厚志（うらべ　あつし）

1966年生まれ。新潟大学大学院自然科学研究科博士課程修了。

現在、新潟大学災害復興科学センター・助教授。博士（理学）。第四紀・災害地質学。

河島　克久（かわしま　かつひさ）

1962年生まれ。北海道大学大学院理学研究科修士課程修了。

現在、新潟大学災害復興科学センター・助教授。博士（理学）、気象予報士。雪氷学・自然災害科学。

和泉　　薫（いずみ　かおる）

1950年生まれ。北海道大学理学研究科修士課程修了。

現在、新潟大学災害復興科学センター・教授。理学博士。雪氷防災学。

安井　　賢（やすい　さとし）

1956年生まれ。新潟大学大学院自然科学研究科後期博士課程修了。

現在、有限会社新潟基礎工学研究所・取締役。博士（理学）、技術士（応用理学）。土木地質学・古生物学。

新潟県《にいがたけん》中《ちゅう》越《えつ》地《じ》震《しん》　新潟の大地 災害と生活

平成18（2006）年11月11日　　初版第1刷発行

編著者　高濱　信行
発行者　本間正一郎
発行所　新潟日報事業社
〒951-8131　新潟市白山浦2-645-54
TEL（025）233-2100
印　刷　新高速印刷株式会社

ISBN4-86132-190-5